BIBLIOTHÈQUE

DES ÉCOLES ET DES FAMILLES

JULES GOURDAULT

LES VILLES

DE

LA TOSCANE

PARIS

LIBRAIRIE HACHETTE ET Cie

79, BOULEVARD SAINT-GERMAIN, 79

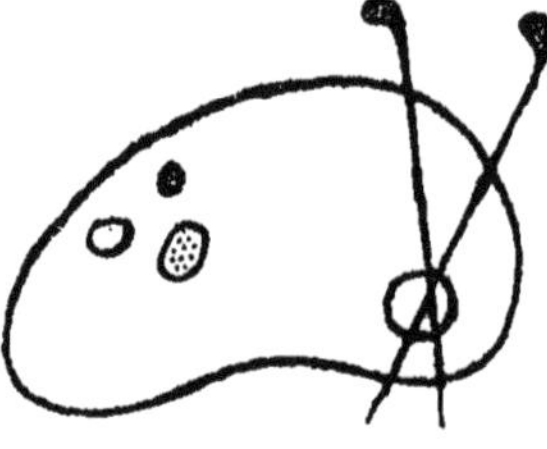

Début d'une série de documents
en couleur

Couverture inférieure manquante

LES VILLES

DE

LA TOSCANE

NOUVELLE FAÇADE DU DÔME DE FLORENCE (inaugurée en 1887).
D'après une gravure de l'*Illustration*.

BIBLIOTHÈQUE

DES ÉCOLES ET DES FAMILLES

LES VILLES

DE

LA TOSCANE

PAR

JULES GOURDAULT

PARIS

LIBRAIRIE HACHETTE ET Cie

79, BOULEVARD SAINT-GERMAIN, 79

1888

LES VILLES

DE

LA TOSCANE

CHAPITRE PREMIER

L'entrée en Toscane par la Spezia et la région du Marbre. — Le chemin de fer de Bologne à Pistoie par l'Apennin. — Coup d'œil d'ensemble sur le pays. — Montagnes, plaines côtières et vallées. — Contrastes de flore et de site. — Les paysans et le sol. — L'antique Étrurie; sa grandeur et sa décadence.

I

Pour le voyageur qui arrive du nord, il n'y a, en dehors de la voie de mer, c'est-à-dire des paquebots allant à Livourne, que deux manières de se rendre en Toscane : le chemin côtier de Gênes et de la Spezia, qui débouche directement sur Pise, ou le railway de montagne de Bologne à Pistoie, qui descend en lacet sur Florence.

Par le premier itinéraire on a le plaisir d'admirer au passage le panorama aux teintes chaudes et aux frondaisons demi-tropicales que déroule, entre l'Apennin et la mer, la fameuse Corniche du Levant; la Magra franchie, on se trouve, du moins géographiquement, sur le sol de l'antique Étrurie. Cette petite rivière est, en effet, la limite naturelle de la Ligurie, et déjà, au temps d'Auguste, elle formait frontière de ce côté. Là passait la grande chaussée stratégique (*via Aurelia*) qui conduisait de Rome dans les Gaules jusqu'à la ville d'Arles; là aussi était la cité tyrrhénienne de Luna, dont il ne reste plus que le souvenir dans le nom actuel de ce district italien, *la Lunigiana.*

On traverse ensuite la région émilienne « du Marbre », véritable et digne vestibule de cette terre toscane, où l'homme, né artiste, a su tirer du précieux calcaire tant de merveilles architecturales ou statuaires.

C'est d'abord Carrare, dans le défilé des Alpes Apuanes, au point de réunion de plusieurs vallons divergeant comme les branches d'un éventail. L'oreille et l'œil vous indiquent tout de suite quelle est l'industrie maîtresse du pays. Partout, sur les routes, ce ne sont que lourds chariots à bœufs traînant les blocs extraits des montagnes d'alentour. C'est de ces carrières que sont sortis, il y a près de deux mille ans, le marbre du Panthéon de Rome, celui de la colonne Trajane, les arcs de Titus et de Septime-Sévère, puis l'Apollon du Belvédère, et, plus récemment, le David de Michel-Ange, les statues allégoriques des tombeaux des Médicis à Florence, et tant d'autres chefs-d'œuvre dont nos regards pourront bientôt se repaître à loisir.

Neuf kilomètres plus loin, voici Massa, petite ville qui ne vit également que de l'exploitation des *Cave* situés dans les contreforts voisins. Quelques tours de roue encore, et nous arrivons à Pietra Santa, puis à Viareggio, la grande station balnéaire de cette côte. A gauche, à l'altitude de 1800 mètres, se trouvent les célèbres carrières de l'Altissimo. Si nous nous enfoncions dans la brèche latérale, en remontant le cours des deux ruisseaux qui se réunissent à Serravezza, nous ne verrions encore que trains de déblais descendant la vallée; de tous côtés, nous n'entendrions que le bruit des scieries où le marbre est débité en plaques, le grincement des meules mises en mouvement par des roues hydrauliques. Les produits de ces derniers gisements ont été particulièrement recherchés au moyen âge et au temps de la Renaissance. Dans un grand nombre d'églises d'Italie, les piliers et frontons, les colonnettes des chapelles, les placages et les revêtements intérieurs sont faits avec le grain mélangé qu'on appelle *brèche* de Serravezza. La même variété de calcaire a servi à orner le palais Pitti, à tailler les deux obélisques de la place Sainte-Marie-Nouvelle, à Florence. On

MARBRIÈRES DE CARRARE.

l'a aussi employée à Versailles, et c'est également de l'Altissimo que proviennent les colonnes monolithes de la façade du nouvel Opéra de Paris. Michel-Ange, qui se fit architecte à quarante ans, exploita le premier, en grand, ces carrières; d'autres artistes fameux, Vasari, l'Ammanati, Jean Bologne, y eurent tour à tour la direction des travaux; après quoi, ces beaux gisements retombèrent dans l'oubli pour n'en plus sortir qu'au commencement du siècle dernier.

Mais, tandis que nous remuons ces souvenirs, le train a continué de filer, en s'écartant peu à peu de la mer; nous voici déjà à cinq lieues de Viareggio; aux monts crevassés succède une région plate et marécageuse; nous franchissons une dernière rivière, le Serchio; un instant après, nous sommes à Pise.

II

Le second itinéraire, que je préfère, pour mon compte, au premier, parce qu'il est plus riche en contrastes, est, je l'ai dit, la voie ferrée de Bologne à Pistoie, qui franchit l'Apennin au col de Pracchia. Ce *railway* traversier est un des plus curieux qui existent, même aujourd'hui que l'art de l'ingénieur nous a habitués à tant de prodiges d'habileté et d'audace.

Il y a une trentaine d'années, le passage d'un versant à l'autre, dans cette fraction de l'Apennin, se faisait en diligence, soit par la route carrossable de Modène à Pistoie qui escalade le Monte Cimone à une altitude de près de 2000 mètres, soit par celle de Pietramala, qui s'élève, plus au sud, jusqu'au col venteux du Futa (1000 mètres), pour redescendre dans la vallée de la Sieve, et, de là, vers Florence par Pratolino : un trajet de douze heures environ, que je recommande toujours au touriste ne voyageant point montre en main.

Le premier chemin de fer italien — peut-être le lecteur l'ignore-t-il — fut la petite ligne de Naples à Nocera, aujourd'hui prolongée jusqu'au golfe de Tarente et jusqu'à Reggio, en face de Messine. Le roi Ferdinand l'avait concédée en 1836 à la société Bayard. Le tronçon initial, Naples-Portici, n'en fut ouvert qu'au bout de trois ans. L'année suivante vit exécuter un autre diminutif de *rail-*

way, celui de Milan à Monza. Mais la première voie ferrée d'un intérêt vraiment commercial fut la ligne toscane de Pise à Livourne, livrée en 1844. Quatre ans plus tard (1848) fonctionna celle d'Empoli à Florence. Quant à l'escalade de l'Apennin au moyen des locomotives, elle ne fut réalisée qu'en 1853, par le chemin de fer de Gênes à Turin au travers du col de Giovi.

Quelques labeurs de construction que cette dernière voie représente, le tracé n'en atteint pas, tant s'en faut, aux hardiesses du *railway* stratégique de Pracchia, qui date de 1856, et remonte par conséquent, lui aussi, à l'époque de la domination autrichienne. Les curiosités du parcours y commencent, en quelque sorte, au sortir même de Bologne, dès qu'on a vu s'effacer derrière soi les hautes tours de la cité romagnole. Aux champs cultivés succède presque aussitôt une région pittoresque et accidentée qui, bientôt, devient entièrement montagneuse et revêt un caractère de sauvagerie grandiose. Les rails se faufilent comme ils peuvent à travers l'étroite vallée du Reno, l'affluent le plus torrentueux du Pô inférieur. L'ascension proprement dite commence sous l'éperon de Sasso, à 20 kilomètres de Bologne. Et que de gorges sombres ! que de lacets, que de ponts, que de viaducs et de galeries! Çà et là seulement, dans la verdure, un village ou un castel haut perché.

C'est passé le tunnel de la Madonna, un peu en amont de la Porretta, localité surnommée le Barèges de l'Italie, qu'on quitte l'ancienne Romagne pontificale pour entrer en terre toscane; mais le point culminant de la ligne (617 mètres) n'est qu'à trois lieues et demie plus loin, à la station de Pracchia. Là commence la descente, ou, pour mieux dire, la dégringolade — tant ce versant sud est à pic — sur la vallée tyrrhénienne de l'Ombrone. Encore un interminable réseau de courbes, de paliers de rebroussement, de galeries, de viaducs, tous ouvrages d'un art prodigieux. Aussi, quelle surprise d'optique pour le voyageur, quand, arrivé à Pistoie, et sorti enfin de cette série d'âpres défilés, il s'engage dans la campagne florentine! Dès la descente du reste, l'étranger est saisi du panorama. A ses pieds s'étend un vaste pays semblable à un jardin, où moutonne un écheveau de riantes collines, et où se succèdent, à perte de vue, des cultures harmonieuses et soignées.

L'Apennin, cette arête dorsale de la péninsule italienne, sépare bien ici deux climats; c'est un vrai mur de démarcation entre le nord et le midi. Le contraste, naturellement, frappe plus en hiver qu'en été; néanmoins, en toute saison, il existe. D'un versant à l'autre, le changement de flore est complet. Vers l'Adriatique, le mûrier et l'orme dominent; sur la crête et les hauts plateaux croissent les massifs arborescents qui caractérisent la végétation de

SITE DE LA VALLÉE INFÉRIEURE DE L'OMBRONE.

montagne; mais, dès qu'on s'évade des dernières galeries pour toucher à la plaine, un coloris nouveau emplit l'œil. C'est l'olivier au tendre feuillage, le laurier-rose, le pin pignon ou parasol avec sa couronne de branches horizontales, l'aloès rigide et le cactus. Partout, en janvier comme en août, s'étalent ces mêmes frondaisons estivales qui, sur le chemin de la Corniche, accompagnent, depuis Nice, le touriste,

De Pistoie aux rives de l'Arno, le train n'en a plus que pour une heure environ. Au delà de Prato, le voyageur impatient regarde par la portière, et, au loin devant lui, dans l'azur du ciel, au-dessus d'un fouillis de tours et d'édifices, il aperçoit une immense coupole étincelant au soleil : c'est le dôme de Florence.

Qu'il reste pour l'instant sur cette vision prise au vol. Avant le diamant, il faut voir l'écrin. Nous ne nous engagerons en curieux à travers la grande cité de l'Arno que lorsque nous aurons essayé de saisir, en ses linéaments principaux, l'aspect du beau pays qu'elle commande.

III

La Toscane comprend plusieurs régions dont la succession apparaît bien distincte du nord au sud et de l'est à l'ouest. Au nord et à l'est, c'est la zone des grands monts, formée par la chaîne Apennine qui, à partir du golfe de Gênes, va de plus en plus s'écartant de la mer pour couper de biais le territoire italien et laisser se développer le versant tyrrhénien juste à l'endroit où la péninsule est le plus large. La section toscane du massif se déroule en une molle courbe sur 67 lieues de longueur à peu près. C'est une région aux traits sévères, que la neige blanchit plusieurs mois de l'année. Les arêtes vives des cimes ont de loin quelque chose de tranché qui laisse dans l'esprit des images un peu sèches, mais précises. Rien de formidable comme dans les Alpes ; point de ces tableaux vagues et fantastiques, aux teintes indéfinies et changeantes, tels qu'en présentent les massifs du relief italo-helvétique. Partout à peu près, les mêmes lignes sobres et sculpturales. Des sombres futaies, qui tapissent encore les versants et les crêtes, pointent çà et là d'âpres rochers aux formes quasi modelées. L'ensemble est plutôt noble que grandiose. Tout le monde aime les Alpes ; peut-être l'Apennin ne satisfait-il pleinement que l'artiste épris de dessin plus que de couleur, et qui, dans le chaos des intumescences terrestres, rêve encore d'ordonnance architecturale.

L'*Apennin* est appelé pour la première fois de ce nom dans

PINS PARASOLS.

Polybe, au IIe siècle avant notre ère; les Grecs mettaient souvent le mot au pluriel, les Romains ne l'employaient qu'au singulier.

Ceux-ci et le poète Lucain notamment appliquent parfois la désignation d'*Alpes* à certaines parties du système ; de même, au moyen âge, on disait volontiers *Alpes Apennines*, et aujourd'hui encore, comme nous l'avons vu et comme nous le reverrons, cette même habitude est restée en vigueur.

L'Apennin toscan, le seul qui nous occupe ici, mesure une hauteur moyenne de 1000 à 1600 mètres ; néanmoins, en quelques endroits, son altitude dépasse 2000 mètres. La chaîne principale se divise en quatre massifs sillonnés par de profondes dépressions. Le premier, qui, on s'en souvient, borne à l'est la vallée de la Magra, est coupé à 1050 mètres par le col désolé de la Cisa, qui va de Parme à la Spezia par Pontremoli. On croit que ce fut par là qu'Annibal, après la bataille de la Trebbie, pénétra sur le territoire étrusque. C'est la partie inférieure de cette trouée qui porte le nom de Lunigiana. Aux Alpes de Succiso, l'élévation de ce premier massif atteint jusqu'à 2020 mètres.

Le deuxième rameau enferme la vallée du Serchio, dont la coupure supérieure porte le nom de Garfagnana. Il est traversé à 1200 mètres par le col de Fiumalbo, où passe la route de voitures de Modène à Lucques. Parmi ses cimes figurent les Alpes de Camporaghena (1999 mètres) et celles de San Pellegrino (1562).

Le troisième, situé entre le Reno au nord et l'Ombrone au sud, a, dans le Monte Cimone déjà mentionné (2167 mètres), la plus haute sommité de l'Apennin septentrional. C'est par une de ses dépressions que se glisse le *railway* de Bologne à Pistoie.

Le quatrième enfin forme vers les sources de l'Arno et du Tibre un rempart d'à peu près 100 kilomètres de longueur, coupé de deux cols : l'un, que nous connaissons déjà, est le col du Futa (975 mètres) ; l'autre est le col de Godenzo (ou de San Benedetto), qui met en communication Florence et Forli, sur la voie Émilienne. Là l'élévation des crêtes diminue : la principale, le Falterona, n'excède pas 1648 mètres. Ajoutons que, dans cet endroit, la muraille des monts est triple, grâce aux contreforts divergents du Prato Magno (1580 mètres) et des Alpes de Catenaja qui enferment le cours supérieur de l'Arno, comme ce dernier relief et les Alpes de la Lune enferment celui du Tibre.

A la base de cet Oberland se déroule un écheveau de collines boisées, aux vallées sinueuses, toutes plus fertiles les unes que les autres : c'est la seconde région de la Toscane, le bassin proprement dit de l'Arno, espèce de jardin circulaire ou ovale dont Florence occupe le milieu, et où s'élèvent aussi les trois cités diversement fameuses de Lucques, Pise et Sienne.

Plus près de la mer, à l'ouest et au sud, apparaît, séparée de la chaîne maîtresse par le fossé profond de l'Arno, une troisième ré-

SITE DE L'APENNIN.

gion dite *subapennine*. Celle-là n'offre plus l'aspect enchanteur des districts précités; c'est une contrée d'un gris terne, avec un enchevêtrement de montagnes et de collines étroites, percées d'entonnoirs et de cavités où les eaux de pluie s'engouffrent pour ressortir en sources ou rivières. Les fameux monts Pisans (914 mètres), entre le bas Arno et le Serchio, constituent un des massifs de cette zone. Le *poggio* (ou puy) de Montieri (1042 mètres), entre Sienne et la mer, en représente un autre; mais le principal est, bien plus au sud, le Monte Amiata (1766 mètres), volcan éteint qui garde encore des sources thermales et des solfatares. Sur la mer même se dresse le mont Argentaro (616 mètres), véritable relief insulaire hérissé de falaises sur tout son pourtour ; à l'ouest enfin, la chaîne se continue vers la Corse par les cimes de l'île Giglio, l'âpre écueil de Monte Cristo et les roches des Fourmis.

Sur cette même côte tyrrhénienne s'étend la quatrième région de la Toscane, c'est-à-dire la longue bande de plaines marécageuses qu'on désigne sous le nom de *Maremme* (campagne près de la mer). Cette dernière est la moins fertile de toutes, et pourtant c'est là que s'élevaient jadis les plus florissantes cités de l'Étrurie. Nous verrons plus loin quelles causes toutes physiques ont tari la prospérité de ces districts.

La plus longue vallée est celle de l'Arno. Ce fleuve prend, je l'ai dit, sa source au mont Falterona, à 1356 mètres d'altitude, et à 35 kilomètres de celle du Tibre, dont le sépare le mur mitoyen du Catenaja. Il coule d'abord droit au sud à travers le Casentino, fraîche vallée de montagne, large d'un kilomètre à peu près, que nous explorerons plus tard à loisir; puis, non loin d'Arezzo, il quitte les gorges alpestres, et, laissant le Tibre, son frère jumeau, continuer sa route vers l'Ombrie, il infléchit brusquement à droite, pour contourner en une vaste courbe le revers occidental du Prato Magno et se diriger vers le nord par l'étroite *cluse* d'Incisa. Ce n'est qu'au confluent de la Sieve, tributaire venu du mont Mugello, que la rivière, ramenée à peu près à la latitude de sa source, se décide à s'éloigner de l'Apennin pour filer désormais à l'ouest. Passé Florence s'ouvre à son flanc nord une vallée de 18 kilomètres de large sur 40 de long, par laquelle lui arrive l'Ombrone de Pistoie, cours d'eau qu'il faut se garder de confondre avec son homonyme des Maremmes, lequel débouche directement dans la mer au-dessous de Grosseto.

Bientôt après se présente un nouveau défilé : c'est celui de la Gonfolina, qu'il suffirait d'obstruer, comme le voulait faire, au XIVe siècle, le capitaine lucquois Castruccio Castracani, pour que les ondes fluviales refoulées inondassent Florence et ses environs. Plus en aval, l'Arno reçoit à gauche l'Elsa, descendue des hauteurs siennoises. Sur le côté droit, c'est-à-dire au Nord, s'ouvrent les gorges de Pescia et de Lucques, entre les monts Albano et Serra. Là s'étendaient autrefois le lac et les marais de Bientina, appartenant aux trois provinces de Florence, de Lucques et de Pise. Ce vaste bassin, qui couvrait une superficie de près de 3000 hectares, doublée lors des crues, et qu'alimentaient une multitude d'afflux torrentueux, est aujourd'hui en partie asséché par un grand émissaire et

RIVES DE L'ARNO.

par un syphon. Plus loin, au confluent de l'Era, rivière venant de Volterra au sud, l'Arno s'engage dans une région plate et marécageuse qui se termine, au delà de Pise, par une plaine herbue et boisée. L'embouchure actuelle du fleuve est presque barrée par les sables. Une tour en ruines, qui jadis fut un phare, marque seule l'emplacement de l'ancien port de Pise.

IV

Telle que je viens de la décrire sommairement, la Toscane est, on le devine, un pays étrangement riche en contrastes. Au front de l'Apennin reluit pendant plusieurs mois de l'année un diadème de neige; sur les hauts versants s'étalent les massifs de pins, de sapins, de mélèzes ; plus bas croissent d'immenses futaies de trembles, de hêtres, de châtaigniers, de chênes et de chênes-lièges, où travaille, plus qu'il ne faudrait peut-être, toute une armée de bûcherons diligents. Puis, à mesure qu'on descend de cette zone forestière vers les pentes inférieures de la chaîne, apparaissent des districts plus cultivés et plus riants.

Nous entrons ici dans le royaume de la charrue et de la bêche « à pointe d'or », comme dit le proverbe. Le règne bienfaisant de ces deux engins commence dès les plateaux intermédiaires auxquels succèdent les mamelons d'en bas. Grâce aussi aux innombrables torrents qui parcourent tout le revers apennin, en prêtant à l'homme une force motrice à peu près gratuite, grâce à l'abondance de roches, de minerais, de substances chimiques fournis par le massif même, l'industrie non moins que la culture s'est développée dans cette région mitoyenne. Les usines à fonctionnement hydraulique s'y sont multipliées comme une poussée naturelle du sol.

Plus on avance vers le réseau inférieur des vallées, plus la fertilité augmente : *Ætruria annonaria*, l'Étrurie « qui nous donne du pain », disaient les Romains, et la contrée, depuis lors, n'a pas perdu sa vieille sève. Seulement c'est en quelque façon grain à grain que s'y emplit le sac nourricier. De grande propriété, presque point. Le sol est divisé en des milliers de compartiments couverts d'oliviers et de ceps, au milieu desquels s'élèvent, peu éloignées l'une de l'autre, des maisons de briques ou de pierres calcaires, le plus souvent badigeonnées et blanchies. Chacun, ici, a son lopin de terre, séparé du voisin par des haies épaisses de mûriers, ou par un rideau de peupliers, essence à laquelle se marient, aussi volontiers qu'à

DÉFILÉ DE LA GONFOLINA.

l'ormeau classique, les tendres sarments de la vigne. Huile, céréales, vin et légumes prospèrent côte à côte sur le même enclos.

Ajoutons que l'agriculteur toscan a su, non moins que le Lombard, refréner les emportements des cours d'eau qui se précipitent dans ses campagnes, entraînant avec eux en pâtes molles toutes sortes de poussières de roches et de détritus organiques. Non content

CHARIOT TOSCAN.

d'en briser l'offensive, il les a en quelque façon pris à son service. Après avoir bâti des murs maçonnés entre lesquels ils coulent docilement, il les a ramifiés à sa guise dans une multitude de rigoles ou de conduits qui transforment en îlot chaque champ et chaque parcelle de champ. Et cet heureux système d'irrigation date de loin, car il est antérieur aux Médicis. Qui sait même si l'application première n'en remonte pas aux Étrusques, qui furent non seulement de puissants bâtisseurs, mais encore des draineurs accomplis.

Chose à noter, peu de paysans sont propriétaires. C'est le système du *métayage*[1] qui domine. Une closerie d'une trentaine d'arpents au sommet d'une colline (*poggio*); dans cette closerie une maisonnette à toit de tuiles avec colombier; en bas, les étables, le

FERMIER DE LA CAMPAGNE TOSCANE.

pressoir, les celliers où s'alignent les bouteilles au long col revêtues de paille tressée : tel se présente, sous sa forme la plus plaisante, le petit domaine qu'on nomme *podere*. C'est là que le métayer demeure

1. Le métayer, ou fermier *partiaire*, comme disait le vieux droit, le *medietarius*, comme on l'appelait aussi au moyen âge, partage, on le sait, la récolte avec le propriétaire.

avec sa famille, aidé dans sa tâche par des ouvriers à louage (*pigionali*) qui forment en Toscane une classe de travailleurs ruraux assez misérable parfois. Quelques bœufs, un cheval, une charrette à roues hautes, constituent l'outillage principal de l'exploitation.

L'ensemble de cette culture champêtre, œuvre d'un menu labeur de patience, ressemble à une sorte d'échiquier bosselé ou déclive, où les diverses cases ont leur aspect propre. Chaque fragment de terre est traité, je l'ai dit, à main d'homme, trituré, pulvérisé, fumé, irrigué comme une plate-bande de jardin; un champ de maïs ou de blé est soigné à l'égal d'un carré de petits pois. On conçoit que le rendement de ce travail n'est, en soi, que faiblement rémunérateur, surtout si les vignes ou les oliviers sont malades. Les ceps toscans, il est vrai, produisent les meilleurs crus d'Italie, les grands-ducs ayant pris soin de les amender en faisant venir des pieds de France, d'Espagne et des îles Canaries; par malheur, ils sont atteints, eux aussi, par ce terrible phylloxéra, qui menace de réduire tôt ou tard, même dans les régions les plus chères à Bacchus, l'humanité au régime de l'eau claire.

Le travail vient-il à manquer sur place, les paysans toscans font comme leurs frères des montagnes. Ils s'en vont, par escouades de douze ou de quinze, sous la conduite d'un chef élu (*caporale*), chercher au loin une besogne plus rémunératrice ; car, en prévision du chômage, chaque membre d'une famille compagnarde a un petit métier accessoire. Une industrie locale particulièrement florissante, pour les femmes surtout, c'est la fabrication des ouvrages en paille tressée, chapeaux, paniers, etc. Celle-là trouve toujours un débouché sûr, non seulement dans les grandes villes d'alentour, mais encore sur tous les marchés d'Europe.

V

Comme, pour explorer fructueusement un pays qui a joué, à plusieurs reprises, un rôle prépondérant dans l'histoire de la civilisation, il convient de ne s'avancer que pas à pas, en jalonnant derrière soi la route de points de repère faciles à retrouver, il nous faut d'abord dire un mot des Étrusques, qui sont à cette région de l'Italie ce que les vieux Gaëls sont à notre France.

Qu'étaient ces ancêtres des Toscans, qui ont laissé sur le sol tyrrhénien des empreintes si fortes de leur intelligence et de leur industrie?

Leur histoire, malheureusement, a péri; leur origine même a ouvert la lice à mille controverses. Rome, qui s'est assimilée leur culture intellectuelle et morale, a fait disparaître leurs monuments et jusqu'à leur langue. Cependant les recherches de quelques savants, Inghirami, Niebuhr, Ottfried Müller, Noël des Vergers, ont réussi à jeter une lueur sur le passé de ce grand peuple.

Étaient-ce des Pélasges, comme le veut Thucydide, ou, ainsi que le dit Hérodote, une colonie de Lydiens émigrés d'Asie Mineure à la suite d'une disette, sous la conduite du chef Tyrrhenus, ou bien encore une avant-garde de Celtes (Rasènes) descendus des Alpes Rhétiques? Toujours est-il que, dix ou douze siècles avant notre ère, on les trouve établis en Toscane, puissants par le commerce et les arts, et que leur empire s'étendit un moment depuis l'Adige et la plaine du Pô, qu'ils avaient canalisée soigneusement et où ils avaient fondé Adria, la Venise primitive, jusqu'à la Grande-Grèce (sud de l'Italie). Non moins aventureux et habiles marins que les Phéniciens, menant de front le négoce et la piraterie, comme c'était l'usage en ce temps-là, ils dominaient par leurs flottes sur le golfe intérieur de l'Adriatique; ils trafiquaient jusqu'en Égypte, et étaient maîtres de cette partie de la Méditerranée qui va de la Sicile à la Ligurie, et qui, d'eux, a gardé le nom de *mer Tyrrhénienne*[1].

C'est un chef étrusque de Ceræ, Mézence, que Turnus appelle à son secours contre Énée. Dès les premiers temps de Rome, une bande de Tyrrhéniens venus de Volsinium (Bolsena) avaient, avant les Sabins, sous la conduite de leur chef Mastarna, occupé la colline du Cœlius, et, en souvenir de cette immigration, un quartier situé entre cette hauteur et le mont Palatin portait le nom de « quartier étrusque ». Que ce Mastarna ait été, ou non, le roi Servius Tullius, ce qui est certain, c'est que la dynastie des Tarquins, chassée ensuite de la

1. Leur vrai nom était *Tursennoï*, dont les Grecs avaient fait *Tyrhséniens*, puis *Tyrrhéniens*, tandis que les Ombriens, voisins des Étrusques, prononçaient *Tursci*, et les Romains *Tusci, Trusci*, et finalement *Etrusci*.

ville latine, était d'origine étrusque, et que les premiers monuments de Rome sont l'œuvre de ces occupants tyrrhéniens.

Les Étrusques s'étaient même emparés de la Campanie, où ils avaient bâti Antium (porto d'Anzio) et Surrentum (Sorrente); mais au ve siècle avant Jésus-Christ, leur décadence commence. Refoulés du Pô par les Gaulois, qui allaient, cent ans plus tard, brûler Rome, ils se voient en outre infliger devant Cumes par Hiéron de Syracuse une terrible défaite qui ruine entièrement leur marine; puis les Sabins, à leur tour, les forcent d'abandonner la Campanie, et, quelque temps après, commence avec Rome cette sanglante lutte de quatre-vingts ans dont les épisodes les plus importants furent, avec le siège et la destruction de la grande Véies, les batailles malheureuses de Sutrium et du lac Vadimon.

A la suite du dernier de ces désastres, les Étrusques durent subir les conditions de la cité du Tibre, et dès lors ils n'eurent plus de nationalité.

Ils avaient eux-mêmes prédit leur chute. Leur humeur, naturellement méditative et superstitieuse, avait été assombrie encore par les fréquentes aberrations du cours ordinaire des choses dans la contrée qu'ils habitaient : météores, tremblements de terre, effluves de gaz enflammés, déchirements et bruits mystérieux du sol. Dans tous ces phénomènes naturels ils ne voyaient que funestes présages, qu'indices menaçants de la colère céleste; c'est pourquoi, seuls dans l'Occident, ils annoncèrent que les empires meurent comme les hommes, et que l'Étrurie devait périr au xe siècle de son existence.

Le pays étrusque proprement dit formait, au temps de sa puissance, une confédération de douze cités ou *lucumonies* du centre, dont la métropole était Bolsena (Volsinium) et parmi lesquelles on comptait Perusia (Pérouse), Clusium (Chiusi), Volterra, Tarquinii (Corneto), Volci, Vetulonium, Rusellæ, Saturnia, Cortona. Le gouvernement était fédéral et féodal à la fois. Chaque lucumonie avait son chef politique et militaire, lequel était une sorte de roi; toutefois, en cas de nécessité et dans l'intérêt du salut public, l'autorité se concentrait dans la main d'un seul. Chacune de ces villes souveraines tenait dans sa dépendance, soit comme colonies, soit comme sujettes, les autres villes situées sur son territoire respectif. Tous les ans, au printemps, une réunion publique de la communauté avait lieu à Volsinium, dans le temple de Voltumma.

Les modernes sont restés frappés de la profondeur de sentiment que révèlent toutes les conceptions, scientifiques, philosophiques, religieuses, de cette race étrange. Les écoles publiques de l'Étrurie, fréquentées par les enfants des grandes familles, formaient la base du patriciat gouvernant, et longtemps la jeunesse romaine ne dédaigna pas d'aller s'y instruire. Religion, arts, pompes publiques et privées, aruspices et augures, Rome emprunta tout aux Étrusques; il n'est pas jusqu'aux chiffres qu'on nomme romains qui ne soient sans doute étrusques d'origine : d'où peut-être il est permis de conclure que la civilisation de ce peuple n'a pas sombré autant qu'on l'a dit dans les abîmes mystérieux du passé; la meilleure partie en a survécu, amalgamée à celle de Rome même; seule la langue a disparu sans retour.

Virgile célèbre, dans ses *Géorgiques*, les ressources du sol tyrrhénien. La culture du lin et la fabrication de la toile florissaient à Tarquinies et à Faléries. Les vins abondaient aussi; un des plus réputés était celui de Luna, que vante Pline. Les forêts de l'Apennin approvisionnaient Rome de bois de construction. L'élève du bétail, le filage de la laine, le gibier de toute espèce ajoutaient à la richesse du pays. Les nombreuses mines de la région avaient été de bonne heure exploitées par les Étrusques, qui étaient des métallurgistes hors ligne. Ces derniers avaient au bord de la mer, à Populonia notamment, des fours à fondre où ils traitaient le f r de l'île d'Elbe, et que les Romains se gardèrent bien d'éteindre. Strabon le géographe dit que ces usines, par l'éclat des feux qu'elles projetaient, servaient de phares aux navigateurs. Les marbres blancs et colorés des carrières de Luna étaient envoyés à Rome, et Pline nous apprend que de son temps on découvrit là une sorte de grain fin, encore plus net que celui de Paros, et éminemment propre à la sculpture : c'était sans doute le carrare actuel. Pour l'architecture, nous dit Vitruve, on se servait du tuf volcanique ou *péperin* de la région de Tarquinies et de Volsinies. Volterra enfin avait, comme aujourd'hui, son albâtre.

La céramique, elle aussi, — comme on nomme l'art de modeler l'argile, — était cultivée en Étrurie dès la plus haute antiquité. De

LES VENDANGES EN TOSCANE.

bonne heure, les produits en furent recherchés par les Romains. Pline, Juvénal et Martial s'accordent à dire que, de leur temps, la poterie rouge d'Arezzo était préférée à toute autre pour le service de table. Dans les objets même de la vie domestique, les Étrusques déployaient le plus grand luxe ; meubles, vases, ustensiles, tout chez eux était à l'avenant ; leurs plats d'argent, leurs miroirs ciselés et dorés étaient des merveilles de fabrication. Quand les Grecs voulaient

VASES ÉTRUSQUES.

rehausser le prix d'un candélabre, ils déclaraient qu'il était tyrrhénien, et, pour faire l'éloge d'un bon ouvrier, ils disaient : c'est un Toscan.

Un fait rapporté par Tite-Live prouve quelles étaient les ressources multiples du pays.

Lorsque Scipion l'Africain voulut faire son expédition contre Carthage, le Sénat se montra effrayé à l'idée d'attaquer sur son élément la grande cité punique de l'Afrique. Qui trancha la question? Ce fut l'Étrurie. Chaque ville de la région promit de contribuer pour sa part à l'équipement et à l'approvisionnement de la flotte. Pérouse, Chiusi, Rusellæ fournirent les bois de pin pour la construction des vaisseaux; Volterra donna de la cire (*inceramenta*) pour enduire les carènes; Arezzo, des armes, des haches et instruments de toute sorte; Populonia, par ses forgerons, livra le fer nécessaire; Tarquinies, la toile à voiles; presque toutes se cotisèrent pour parfaire la quantité de céréales.

Qu'ajouterai-je à cet aperçu historique?

En dépit de sa soumission apparente, quand éclata, un siècle après, la fameuse « guerre sociale », l'Étrurie, comme tous les peuples de la péninsule, ne manqua pas de s'y mêler activement, dans la chimérique espérance de recouvrer son indépendance d'autrefois. Des pays insurgés elle fut même le dernier à se soumettre; aussi fut-ce sur elle que tomba, l'an 87 avant Jésus-Christ, tout le poids de la vengeance de Sylla. Peu à peu aussi, toutes les villes de la côte furent si bien ruinées que dès le IVe siècle il n'en restait plus que des débris. En revanche, à l'intérieur grandissaient silencieusement des cités nouvelles, Pise, Sienne et Florence, appelées à se développer de plus en plus, pendant que l'antique métropole du monde subirait les vicissitudes que l'on sait. C'est à celles-là qu'il nous faut aller, en attendant que nos promenades ultérieures entre l'Arno et le littoral nous fassent retrouver, au ras de terre, ce qui reste des vieilles capitales de la *dodécapole* tyrrhénienne.

CHAPITRE II

Origine et commencements de Florence. — Guelfes et Gibelins. — Les Arts majeurs et les Arts mineurs, chronique municipale et marchande des XIIe et XIIIe siècles. — La plèbe et les *contadini*. — Noirs et Blancs. — Les derniers jours de la république. — Le principat des Médicis. — 1859-1870.

I

Que Florence ait été fondée par des soldats de Sylla ou, ce qui paraît plus probable, par les habitants de la ville étrusque de Fiésole, sa voisine, toujours est-il que la première mention historique de son existence se rencontre dans Tacite, à la date de l'an 15 après Jésus-Christ. Strabon, en parlant de la Toscane, ne nomme pas Florence, ce qui prouve au moins que cette cité n'avait pas encore une grande importance. Sous Hadrien seulement, au IIe siècle de notre ère, on jugea utile de prolonger jusqu'à ses portes la *Via Cassia*, qui filait à l'ouest de la voie Émilienne, après s'être détachée de celle-ci au delà du pont Milvius (le ponte Molle actuel).

Dévastée au Ve siècle par Totila, roi des Ostrogoths, le même qui prit Rome et la démantela, elle fit ensuite partie du royaume lombard, puis fut englobée par Charlemagne dans cet éphémère empire d'Occident auquel succéda bientôt l'étrange émiettement politique désigné sous le nom de « féodalité ».

Dans ce bris universel de la grande unité factice qu'avait essayé de créer le puissant Karl, chaque pays et chaque ville, au midi ou au nord des Alpes, s'efforcèrent, sinon de ressaisir tout de suite leur indépendance, du moins de relâcher le plus possible les liens qui les rattachaient au pouvoir suzerain. Florence qui, à travers toutes les vicissitudes, avait sans doute conservé le régime administratif qu'elle devait aux institutions romaines, eut soin, comme tant d'autres cités, de se faire octroyer par les chefs du Saint-Empire, dont elle continuait de dépendre en droit, des libertés et des privilèges. Un moment nous la voyons, avec le reste de la Toscane, aux mains de la grande comtesse Mathilde, laquelle donne son fief au saint-siège; mais bientôt éclate la lutte des empereurs et des papes, et alors, en Toscane de même qu'en Lombardie, chaque commune se met à secouer le joug des Césars germaniques : c'est la revanche des pontifes de Rome contre les héritiers d'Othon le Grand ; c'est aussi la vraie origine des gouvernements républicains d'outre-monts.

Qu'étaient ces municipes naissants dont quelques-uns devaient arriver à un si haut degré de puissance? A Florence, comme dans tant d'autres cités d'Italie, les premiers magistrats portent le nom de « consuls ». Leur autorité, législative et exécutive à la fois, paraît à peu près absolue; mais, dans la seconde moitié du XIIe siècle, un grave ferment de discorde s'introduit dans la ville : c'est la fameuse querelle des Gibelins et des Guelfes.

Ces mots de ralliement, altérés par la prononciation welche, venaient d'Allemagne. On les avait entendus pour la première fois à la bataille de Weinsberg (1140) où les soldats du seigneur Welf de Bavière et d'Henri le Superbe criaient : « *Hie Welfen!* Guelfes, par ici ! » et ceux de Hohenstaufen : « *Hie Waiblinger!* Gibelins, par là ! » L'une et l'autre dénomination furent vite adoptées en Italie pour désigner d'une part les partisans du pape, de l'autre ceux de l'empereur[1]. Seulement, des querelles locales, en venant greffer sur la querelle principale toutes sortes d'intérêts en sous-ordre, altérèrent la portée et le sens des qualifications primitives.

A Florence comme partout, les factions naquirent de l'opposition naturelle qui existe entre la classe qui gouverne et celle qui voudrait gouverner, entre les gens qui possèdent et ceux qui n'ont rien : d'un côté l'aristocratie, de l'autre la plèbe. Les puissants et les riches ne songent qu'à défendre leurs privilèges acquis, et, au besoin même,

1. Aujourd'hui, en Allemagne, on désigne encore sous le nom de *Welfs* (guelfes) les partisans de l'ex-roi de Hanovre détrôné en 1866; et les dernières élections, celles de février 1887, ont même envoyé au *Reichstag* un ou deux députés portant cette étiquette.

PANORAMA DE FLORENCE.

à les accroître; les humbles et les sacrifiés, par contre, rêvent de refaire à leur profit un nouvel édifice politique et social : c'est l'éternelle lutte des deux ordres qui, à Rome, avait duré deux cent cinquante ans, depuis la retraite sur le mont Sacré (593) jusqu'aux lois de Publius Philo (352).

Or, le suzerain d'Allemagne représentant les principes féodaux, quiconque tint pour ces principes fut désigné sous le nom de *Gibelin*. Les papes étant, au contraire, regardés comme la personnification de ce qu'on appelait les intérêts populaires, tout défenseur du saint-siège se trouva rangé au nombre des *Guelfes*. Autre conséquence double : ces Gibelins qui soutenaient l'Empire étaient presque tous des aristocrates qu'effrayaient les revendications de la plèbe, et qui, entre deux périls inégalement menaçants, selon eux, préféraient celui qui pouvait sortir de la tyrannie lointaine et intermittente des Césars transalpins; — de même, ces Guelfes qui soutenaient l'Église étaient des gens des classes inférieures jaloux avant tout de s'émanciper, et qui, en haine des nobles, se tournaient vers le souverain pontife comme vers un protecteur peu dangereux, dont la suzeraineté resterait nominale [1].

De là cette apparente confusion qui plane sur l'histoire des républiques italiennes, et qu'il est urgent de débrouiller d'un mot, si l'on veut comprendre les faits et gestes d'une époque déjà si éloignée de nous. Les deux partis voulaient, en somme, la liberté, mais avec des conditions et sous une tutelle différentes.

I

Donc, à Florence comme ailleurs, le devant de la scène appartient dès l'abord aux grandes familles restées gardiennes des principes de l'âge féodal. Quel était au début l'ennemi qu'elles avaient intérêt à combattre? C'étaient précisément ces consuls, aux mains desquels se trouvait la plus haute magistrature de l'État. Elles firent

1. « La papauté, dit Chateaubriand, n'a perdu sa puissance que quand elle a cessé d'être Guelfe ou populaire, pour se faire Gibeline ou impériale. »

donc la guerre aux consuls. Seulement, au cours de cette lutte grandit de plus en plus un tiers élément appelé à en recueillir le profit : c'était la classe travailleuse et marchande.

Dès le XIe siècle s'étaient constituées à Florence de puissantes associations de métiers, auxquelles nous reviendrons tout à l'heure. Rapidement la cité trafiquante étendit au loin ses relations. Les Florentins, qui s'étaient distingués à la croisade de Frédéric Barberousse, obtinrent de l'empereur suzerain des agrandissements de territoire; ils achetèrent en outre ou prirent de force nombre de châteaux et de villes fortifiées à certaine distance de leurs murs. Quant à la constitution, elle ne s'élaborait qu'avec peine et au prix de mille tâtonnements. En 1207, à l'imitation de ce qui s'était fait à Pise et à Gênes, on confie le gouvernement à un *podestat* de justice, d'abord annuel, puis semestriel, au-dessous duquel il n'y a plus que des consuls de quartier chargés de l'administration municipale.

En même temps on établit un conseil de *Bonshommes*; puis, en 1250, on institue un capitaine du peuple, un chef des gonfaloniers, sous lequel tous les citoyens sont enrégimentés avec une bannière (*gonfalone*) : tout cela, au milieu des éternelles luttes des Gibelins et des Guelfes, chaque faction sortant par une porte pour rentrer par l'autre. A la fin cependant, les Guelfes l'emportent définitivement, et, pour prévenir de nouvelles discussions, le parti vainqueur se met pour dix ans sous la suzeraineté d'un prince étranger, Charles d'Anjou, celui-là même qui avait ruiné la cause gibeline en Italie par sa double victoire sur Mainfroi et sur Conradin. Singuliers recours, semble-t-il, de la part d'une démocratie si jalouse de ses droits et de ses libertés! C'est qu'au milieu de la grande querelle qui départageait toute la péninsule, ces petites républiques revenaient, par instants, au sentiment de leur faiblesse, et cherchaient un défenseur quelconque, ne fût-il pour elles qu'une égide morale. C'est ainsi que plus tard, toujours sans rien changer à la forme du gouvernement, contre le péril dont la menacera Henri VII, Florence se remettra entre les mains de Robert, roi de Pouille et de Sicile, puis entre celles du duc de Calabre, son fils.

Le premier progrès, à l'intérieur, avait été, on l'a vu, d'enlever la décision suprême au pouvoir exécutif pour la remettre à divers conseils populaires, et de créer toute une filière par laquelle passaient les propositions votées au scrutin secret. En 1293 autre changement : les *Buonuomini* furent remplacés par les *Prieurs des Arts*, c'est-à-dire des métiers, magistrature qui devait durer aussi longtemps que la liberté, et qui devint peu à peu l'office suprême, la *Seigneurie*, comme on disait. Cette innovation marque, à Florence, l'avènement définitif de la démocratie bourgeoise, le triomphe de la classe travailleuse sur les fils de famille. Les nobles ne sont pas, il est vrai, exclus du pouvoir ; mais ils sont obligés, pour être éligibles, de se faire inscrire, comme exerçant réellement, au registre matricule d'un des Arts ; puis, pour que la puissance collective des prieurs s'incarne dans un personnage préposé à l'exécution des lois, on crée un *gonfalonier de justice*, élu à deux degrés et pourvu d'une garde de plusieurs milliers d'hommes. Ce gonfalonier sera bientôt le premier officier de la république.

III

A ce moment, Florence, avec sa banlieue immédiate, comptait 200 000 habitants. Elle occupait Arezzo, Pistoie, Colle. Tout le Lucquois était couvert de ses châteaux forts, et Pise la gibeline, qui l'avait tenue longtemps en échec, était destinée à tomber finalement sous son joug. Sa force militaire était respectable : elle pouvait mettre sur pied 25 000 hommes, dont 15 000 nobles inscrits aux registres des Arts.

Quels étaient les leviers tout-puissants qui l'avaient hissée peu à peu à ce comble de grandeur et de richesse? C'étaient le commerce et l'industrie. Les usines, les forges, les manufactures avaient créé cette prospérité sans pareille dont les XIIIe et XIVe siècles virent le complet épanouissement. Les corps de métiers étaient divisés en Arts majeurs et en Arts mineurs, qui, réunis, formaient un collège.

Les premiers, au nombre de sept, comprenaient les professions les plus relevées : juges et notaires, drapiers, banquiers, médecins et apothicaires, merciers, fabricants de soie, pelletiers, c'est-à-dire la classe des gros bourgeois, des enrichis, le peuple gras, *popolo grasso*. Dans les autres étaient les bouchers, maçons, forgerons, etc. Chaque Art avait son capitaine et ses consuls. Il avait aussi sa bannière (*gonfalone*) sous laquelle on se rassemblait au premier coup de tocsin parti du palais du podestat. Celle des juges et notaires, par exemple, était d'azur avec une grande étoile d'or au milieu; celle des drapiers, rouge, avec un aigle d'or sur un globe bleu.

La double industrie du drap et de la laine constituait ce qu'on appelait l'*Art de Calimala*, du nom de la rue, débouchant sur le Marché-Vieux, où elle s'exerçait principalement. Le travail consistait surtout dans la manipulation des draps achetés bruts à l'étranger, en Espagne, en Angleterre, en Écosse et en Flandre. Rendues à Florence, ces étoffes étaient remises sur le métier, affinées, perfectionnées; après quoi on les teignait, soit en bleu, à l'aide du pastel ou *guado* (l'indigo des régions chaudes n'était pas alors connu en Europe), soit en rouge, à l'aide de la garance, *robbia*, cultivée en Toscane dès le temps des Romains, soit encore en pourpre, au moyen de l'orseille (*oricella*), sorte de lichen qui croît sur certains arbres et rochers, et qu'avait introduit du Levant en Italie une famille de marchands qui en tira son nom : les *Oricellari* ou *Rucellai*, dont il existe encore un palais. L'alun, indispensable comme mordant pour fixer les couleurs, était fourni par les mines des Maremmes.

On voit toujours à Florence la vieille tour massive et crénelée dite *Archivo de'Contratti*, parce qu'on y enregistre à présent les contrats, où résidaient les prieurs de la laine. La face porte comme écusson un mouton blanc sur champ vermeil. Les rues actuelles des *Cimatori* ou tondeurs de draps, des *Tintori* ou teinturiers, des *Velluti* ou velours, avec leurs boutiques (*fondaci*) vieilles de six ou sept cents ans, attestent par leurs dénominations l'ancienne activité de ces diverses branches de travail.

L'Art de la soie était également très prospère. Les consuls habitaient le palais Lamberti, à côté de Santa Maria sopra Porta. Leurs armoiries restent visibles dans la via *Capaccio*, et la ruelle voisine a gardé le nom de *vicolo della Seta*. Dans le même quartier étaient

FLORENCE : RUE STROZZI. (Voyez p. 42.)

groupées toutes les industries auxiliaires du métier : orfèvres, peintres, brodeurs, fileurs, batteurs d'or.

Les prieurs de chaque corporation (*priori*, les premiers) veillaient à la stricte observance des statuts, tranchaient les différends et litiges. Les règlements étaient d'une sévérité extrême, et reflètent bien l'esprit de l'époque : défense par exemple aux marchands de l'art de Calimala de vendre d'autres draps que ceux d'outre-monts, de battre la laine depuis la cloche du soir jusqu'à celle du matin, de s'établir et d'exercer hors de la ville, de tendre des toiles d'une boutique à l'autre, de faire l'article dans la rue; défense aux apprentis de sortir après le premier coup de cloche.

Les marchands avaient sur toutes les routes de France, de Belgique, d'Angleterre, d'Espagne, de Portugal, des hôtelleries entretenues par l'Art, où eux et leurs représentants étaient reçus comme chez eux. Des caravansérails de ce genre existaient notamment à Paris, à Saint-Denis, à Rouen, Caen, Montivilliers, Lagny, Troyes, Marseille, Nîmes. Avec la France, le principal trafic florentin se faisait aux foires de Champagne, spécialement à Bar-sur-Aube, à Troyes, à Provins et à la fameuse foire de Beaucaire sur le Rhône.

Ces foires étaient le rendez-vous des diverses nations de l'Europe, et tous les métiers y improvisaient de véritables villes temporaires où chaque industrie occupait un quartier. Des notaires y dressaient les actes de vente, que scellait une chancellerie *ad hoc*. De la chaudronnerie à l'orfèvrerie de luxe, toutes les branches de travail y étaient représentées : c'étaient les *Expositions* de ce temps. Cependant, ce n'est pas Marseille qui fut d'abord le port français avec lequel commerçaient les Florentins; c'est Aigues-Mortes, qui aujourd'hui se trouve reporté à 6 kilomètres dans les terres. C'était de là que les navires allaient au port de Pise, qui, lui aussi, coïncidence singulière, est maintenant séparé de la mer. De Pise, les denrées étaient amenées à Florence à dos de mulets, en charrettes, ou par l'Arno, au moyen de bateaux. Ajoutons que les correspondances des négociants florentins étaient fort étendues. Des lettres écrites par les grandes maisons pour les besoins de leur commerce, beaucoup ont été retrouvées, et elles constituent les plus anciens monuments de la prose italienne.

Quant au change (*cambio*), sans lequel tout ce commerce eût été impossible, les affaires en étaient centralisées aux deux Marchés, mais surtout au *Mercato Vecchio* (Marché-Vieux). Là, sous les galeries couvertes (*loggie*) régnant le long des maisons, on se livrait déjà aux spéculations de la hausse et de la baisse; on discutait les questions de trafic et le taux de l'intérêt, on fixait le prix des denrées.

C'était dans cette sorte de Bourse en plein air, vestibule tumultueux du temple de Plutus, que se réunissaient les courriers, facteurs ou agents des compagnies, venus de Londres, des Flandres, de Chine même, — le pays de *Cathay*, comme on nommait alors cet empire asiatique dont Pékin, la capitale, était appelée *Cambalu*. — Là ils attendaient leur tour d'audience en jouant aux dés ou en devisant.

Le négoce du changeur ou *cambiatore* se faisait sans aucun attirail. Devant la porte de la boutique était placé un comptoir ou banc (*banco*) [1], recouvert d'un tapis vert où s'étalaient le sac aux écus et l'indispensable livre de comptes, car l'ordre est le frère jumeau de la richesse.

Le *florin d'or* de Florence, qui servit d'étalon à partir de 1252, et qui représentait 12 francs environ de notre numéraire, fut pendant longtemps la meilleure monnaie qu'il y eut en Europe. C'était le grand instrument de la prospérité de la république. Y porter atteinte était regardé comme un crime de lèse-nation. Aussi avec quelle rigueur vengeresse Dante, en sa *Divine Comédie*, traite-t-il ce misérable qui avait osé falsifier le florin de Florence! Il nous le montre en proie aux tortures d'une soif ardente, le corps enflé par l'hydropisie, le visage creux et enflammé, poursuivi en cet état par l'image des petits ruisseaux qui, des vertes collines du Casentin, descendent au cours de l'Arno.

Les principales maisons financières, en ce temps-là, étaient celles des Bardi, des Perruzzi, des Strozzi, des Medici, des Caponi, des Frescobaldi. Ces derniers, dès 1304, étaient les banquiers de la couronne d'Angleterre. Tous ces manieurs d'argent jouissaient d'un tel

1. D'où le nom de *banque* que prit ce trafic, et aussi celui de *banqueroute, banco rotto*, banc rompu.

FLORENCE : LOGGIA, PRÈS DU MARCHÉ-NEUF.

renom à l'étranger que plus d'un se vit confier la direction d'un hôtel des monnaies.

Les médecins et les apothicaires — ceux-ci appelés *speziali* — formaient, avec les merciers, le cinquième Art, dont la bannière portait sur champ rouge une image de la Vierge Marie tenant l'enfant Jésus.

Pour exercer le métier de médecin ou d'apothicaire, il fallait avoir subi un examen à Bologne, ville réputée pour son Université, et, de plus, en passer un autre devant les consuls de l'art à Florence.

Le médecin, ou *mire*, comme on le nommait chez nous au moyen âge, logeait souvent chez l'apothicaire même, dont les drogues trouvaient ainsi un débit d'autant mieux assuré. Quelquefois, par un cumul sévèrement interdit aujourd'hui, il tenait boutique en personne. Boccace nous apprend qu'il y en avait un, sur le Marché-Vieux, qui avait un melon pour enseigne.

Ces praticiens du reste n'étaient rien moins que savants, et ils n'avaient nul besoin de l'être, en un temps où l'on croyait que, pour rendre la raison à un aliéné, il suffisait de le coiffer de la mitre de saint Jean Gualbert; où, pour arrêter l'hémorragie, on brûlait la peau des gens avec une chandelle, et où l'on prétendait guérir de la léthargie en attachant une truie dans le lit du malade.

Plus ignorants encore étaient les apothicaires, dont, en Italie comme en France, ainsi que l'indique le mot *speziali* (*spezie*, épices, épicerie), la corporation fut longtemps réunie à celle des épiciers [1]. Ils étaient néanmoins très en faveur, et ce fut, on le sait, dans leur Art que Dante se fit immatriculer.

Les pelletiers (fabricants ou marchands de pelisses et fourrures), puis les peaussiers (préparateurs de peaux), formaient les deux derniers ordres majeurs. Ils avaient un gonfalon avec un *agnus dei* [2] blanc sur champ d'azur.

1. C'étaient eux qui vendaient exclusivement l'eau-de-vie et le sucre, denrées alors très rares : de là l'expression proverbiale, « un apothicaire sans sucre », pour indiquer un homme qui manque de ce qui lui est le plus indispensable.

2. Agneau en cire bénit.

IV

Les *Arts mineurs* comprenaient : les détaillants de draps et fripiers, les marchands de coupons et rognures, qui avaient une bannière mi-partie de blanc et de rouge ; — les bouchers, dont l'enseigne était jaune avec un bouc noir : tout d'abord ils étaient installés au Marché-Vieux sur les étaux à découvert ; ce ne fut qu'au XIVe siècle qu'ils occupèrent des boutiques closes ; — les maçons et charpentiers, dans le gonfalon rouge desquels figuraient la hache, la scie, la cognée et le pic ; — les forgerons, dont l'emblème blanc portait de grandes tenailles noires, etc.

Tout au bas de l'édifice social se trouvaient les gens de métiers infimes qui ne comptaient pas, et parmi lesquels, à côté du marchand de vin et de l'aubergiste, figurait assez étrangement le boulanger. Tout cela, c'était le menu peuple, le peuple maigre, *popolo minuto* ou *magro*, le parti redoutable en tout pays des sacrifiés et des mécontents qui se lassent parfois d'en être réduits à ramasser les miettes du festin et prétendent s'attabler à leur tour.

A cette plèbe se rattachait le paysan ou *contadino*, regardé, lui aussi, comme un être inférieur, et qu'on reconnaissait à sa jupe grise sans manteau, à sa large ceinture, à son capuchon, et surtout à sa malpropreté.

Chose singulière ! les aveugles semblaient former comme une classe à part, qui se livrait à la mendicité. Il y en avait d'autant plus à Florence que Gibelins et Guelfes avaient pris la douce habitude de se crever mutuellement les yeux. Ces Bélisaires parcouraient les rues en chantant ; ils stationnaient le jour en divers lieux, sous les *atria* des palais, sous les portiques des églises et des places, notamment à Santa Annunziata au nord du Dôme, et à San Michele in Orto près de la Seigneurie ; puis, le soir, ils se réunissaient, au pied du campanile de San Lorenzo, dans une auberge où ils soupaient joyeusement. Le métier était fort lucratif ; aussi plus d'un de ces porte-besace avait-il d'excellentes prunelles et pouvait se repaître avec délices du beau soleil et des splendeurs architecturales de la cité de l'Arno. Quand venait la fête de Notre-Dame à Pise, leurs chiens les conduisaient en pèlerinage à cette ville, et leurs longues processions nasillardes emplissaient au loin les chemins.

Les maisons habitées par les grandes familles, nobles ou marchandes, étaient des palais d'une structure toute originale. Vues du dehors, c'étaient de véritables forteresses aux fondations massives, aux fenêtres rares et cintrées, aux murs extrêmement épais, avec d'énormes *bossages* de pierre formant des saillies extérieures : le castel féodal du moyen âge, ou la vieille construction étrusque transformée par l'art italien en un édifice à la fois exquis et grandiose. Pour accès, une ouverture étroite et basse. A l'intérieur, un majestueux escalier et une vaste cour. A la façade, de larges anneaux de fer et de bronze destinés sans doute à recevoir les cierges et les bannières dans les jours de fête. Souvent une rue entière était occupée par une même famille.

Une seule chose allégeait cette lourde demeure : c'était la *loggia*, galerie reposant sur des colonnes ou pilastres, qu'on laissait ouverte aux réunions des clients et amis, et qui était le théâtre des réjouissances de famille. Outre la *loggia*, beaucoup de ces *palazzi* avaient leur tour, *torre*, monument carré ou quadrangulaire, avec une fenêtre unique à chaque étage et des murailles dont l'épaisseur allait parfois jusqu'à deux mètres, sur une hauteur de vingt, quarante, cinquante mètres souvent. On y montait par des espèces d'échelles intérieures. Bonnes vigies, en ces temps de troubles à peu près perpétuels, pour surveiller les mouvements de la rue, voir venir l'ennemi, et soutenir au besoin un siège. Toutes ces tours étaient crénelées ; le créneau rectangulaire indiquait la demeure d'un guelfe ; le créneau carré, évasé par le haut en forme de V, celle d'un gibelin.

Au bel âge de la démocratie florentine, on vivait cependant d'une façon modeste. Les femmes restaient à la maison, et s'habillaient simplement. Le port des bijoux et des perles était défendu par les lois somptuaires, et l'on voit le chroniqueur Villani jeter les hauts cris quand, au milieu du XIVe siècle, les dames obtinrent la permission de porter de faux cheveux et de les laisser tomber en tresses sur le front. Ce n'était qu'aux fêtes publiques, ou à l'occasion des funérailles et des mariages, qu'on déployait du faste et de l'éclat.

Aujourd'hui encore, bien que le Florentin, afin de se rattraper sans doute, aime fort le luxe de la parure et le clinquant des bijoux, la population, prise en général, est sobre en son genre de vie.

V

Nous en sommes demeurés, s'il vous en souvient, à l'apogée de la fortune de la république; il nous reste à voir comment s'affaiblit, puis s'écroula peu à peu ce puissant édifice mercantile et démocratique.

Les causes de sa chute furent multiples et s'accumulèrent rapidement.

Quand le parti gibelin eut été définitivement écrasé et la noblesse effacée légalement, la ville ne fut pas pour cela plus tranquille. Les Guelfes eux-mêmes s'étaient partagés en deux factions, l'aristocratique et la populaire, qui travaillaient à se détruire mutuellement. Cette situation était sortie de la tendance des *popolani grassi* à se rapprocher des nobles, en défiance du peuple, et pour décrasser leur roture au moyen de mariages. C'est l'éternelle histoire ici-bas.

Ainsi se forma dans la classe marchande et travailleuse un autre patriciat de fait, que le vulgaire ne voulut pas supporter; ainsi naquirent de nouvelles prérogatives et de nouvelles luttes de caste. Ce fut alors qu'on créa les magistrats appelés *Dix de paix et de liberté*, dont la mission était de sauvegarder les franchises communes et de veiller à la bonne exécution de la justice. Florence, on le voit, continuait de marcher en sens inverse de Venise, qui allait bientôt couronner l'édifice de son gouvernement tout oligarchique par l'institution des inquisiteurs d'État. Mais de quoi servent les plus belles garanties légales quand l'esprit public et les mœurs se dévoient?

A partir du XIVe siècle, toutes les forces vives de l'État se dépensent de plus en plus soit en luttes de familles, soit en querelles politiques et sociales au dedans. Des haines de voisinage, dont nous parlerons à propos de Pistoie, engendrent de nouveaux partis, les *Noirs* et les *Blancs*, qui aggravent d'autant les levains de discorde au sein de la république. Les Guelfes aristocratiques prennent dès lors le nom de *Noirs*, et les Guelfes populaires celui de *Blancs*. Les deux factions s'emprisonnent, se chassent à tour de rôle, et ce fut dans une de ces occurrences que la maison de Dante fut pillée, et que le grand poète fut proscrit.

Un aventurier français venu de Naples, Gauthier de Brienne, duc d'Athènes, profite de ces dissensions : soutenu par la plèbe en haine des *grassi*, il se fait confier à vie la souveraineté de Florence, chasse les prieurs de leur palais et s'y établit à leur place. Par sa tyrannie, il est vrai, il ne tarde pas à s'aliéner toutes les classes, et on l'expulse douze mois après (1343).

Deux ans plus tard a lieu la grande faillite des banquiers florentins, causée par un refus de payement de deux débiteurs haut titrés, les rois d'Angleterre et de Sicile; puis, en 1348, éclate la fameuse *peste noire*, qui extermina, rien que dans Florence, 50000 personnes, s'avança, la première année, jusqu'à Rouen et Paris, et envahit ensuite l'Angleterre et l'Allemagne. Le terrible fléau dura quatre ans, et l'on a calculé qu'il moissonna un quart des habitants de l'Europe. Boccace, qui avait alors vingt-cinq ans, nous l'a décrit dans la préface du *Décaméron*, et nous a fait connaître en même temps le lamentable relâchement de mœurs qui s'ensuivit.

Un coup non moins terrible, ce fut, en 1378, l'effroyable révolte des *Ciompi*, partie des bas-fonds de la société. « Il y avait alors à Florence, écrit l'historien Sismondi, des hommes qu'un travail mécanique, la misère et la dépendance privée rendaient incapables de sentiments libéraux, qui ne pouvaient délibérer sans une espèce d'ivresse, ni agir en corps sans fureur; qui, sous le nom de liberté, n'avaient cherché que l'exercice d'un pouvoir pour lequel ils n'étaient pas faits, ou l'occasion de s'enrichir. On les désignait sous le nom de *Ciompi* (compères), mot français défiguré, qui leur était resté du temps de la tyrannie du duc d'Athènes. Ils appartenaient pour la plupart à des métiers qui n'avaient point d'existence politique, et que l'Art de la laine tenait sous sa dépendance. »

Les *Ciompi*, outre leur admission dans les Arts mineurs, réclamaient l'abolition des dettes et l'égalité des partages. Les maisons les plus riches furent incendiées et pillées. Par bonheur, il se rencontra, au sein de cette multitude déchaînée, un homme honnête, intelligent, et qui aimait sa patrie. Comme les vainqueurs envahissaient le Palais-Vieux, que les prieurs avaient évacué, un cardeur de laine, déguenillé et pieds nus, tenant à la main le gonfalon de justice conquis la veille par l'insurrection, monta, en tête de la populace, le grand escalier de la Seigneurie. Arrivé dans la salle d'audience des prieurs, cet homme se retourna vers la foule et dit : « Ce palais est à vous, cette cité est entre vos mains. Quelle est maintenant votre volonté souveraine? » Tout d'une voix, le peuple répondit : « Eh bien, sois gonfalonier de justice, et réforme la Seigneurie ». D'un mot, Michel di Lando venait de conquérir le pouvoir, avant d'avoir eu le temps de le désirer.

Il va sans dire que les *Ciompi*, trompés par lui dans leurs espérances, essayèrent, quelques jours après, de le renverser ; il ne leur céda pas, et, avec l'appui des *grassi* et des paysans, il rétablit l'ordre dans la ville. Après lui, un autre gonfalonier, Maso Albizzi, tint d'une main ferme le timon des affaires ; mais la liberté avait reçu le coup de mort.

Le mouvement révolutionnaire des cardeurs de laine avait été fomenté par un Silvestre de Médicis. Qu'étaient ces Médicis qui, seuls, devaient mettre à profit le malheur commun, et s'emparer insensiblement de toute la puissance politique?

C'était une famille plébéienne que l'*Arte del Cambio* avait enrichie, et qui avait si bien mené ses affaires qu'elle eut un moment jusqu'à seize maisons dans les différentes contrées de l'Europe. Dès qu'elle sentit son blason commercial fait d'un nombre de « balles d'or » suffisant, elle n'hésita point à pousser sa fortune. Seulement, non moins avisée dans la politique que dans le négoce, elle sut montrer toute la mesure voulue et attendre que les circonstances la servissent.

Dès 1343 un de ses membres avait figuré dans le complot contre le duc d'Athènes, et à partir de ce moment elle avait pris en main la cause populaire et jeté ainsi les premiers fondements de sa popularité. En 1421, avec Jean, elle arrive à la charge de gonfalonier, et déjà sa magnificence s'affirme par la fastueuse reconstruction d'une église, San Lorenzo, déjà mentionné. Avec Cosme, fils de Jean, l'influence des puissants banquiers paraît subir une éclipse, la démocratie florentine s'offusque de son luxe princier, et, cédant aux intrigues des Albizzi, une famille rivale, prononce contre lui une sentence d'exil ; mais, au bout de douze mois (1434), le proscrit est rappelé. Bien plus, on lui décerne le titre de « Père de la patrie », et, trente ans durant, il administre presque sans contrôle les affaires de l'État. Déjà, il a eu l'art de faire adopter une réforme qui corrige dans un sens plus étroit le mode d'élection à la Seigneurie. Après sa mort (1469), ce n'est plus le gouvernement d'une république que

VILLA DE LAURENT DE MÉDICIS A CAREGGI.

recueillent son frère Pierre, puis son fils Laurent : c'est une sorte de monarchie déguisée. Laurent déploie, lui aussi, dans son genre de vie, ses palais, ses villas, un faste qui jure avec les vieilles traditions ; mais les idées et les mœurs ont tellement changé en un quart de siècle que, loin de l'en punir, comme son aïeul Cosme, par l'exil, Florence s'associe officiellement à son faste en lui donnant le surnom de « Magnifique ». Que dis-je ? Le même Laurent n'a plus le simple titre de gonfalonier ; en pleine assemblée publique on le proclame *Principe del Stato.*

L'œuvre d'usurpation sans violence est désormais consommée. Malgré la conjuration des Pazzi, approuvée par le pape Sixte IV, l'heureuse famille, de plus en plus adulée et puissante, achève doucement de passer l'entrave au cou assoupli de la république. Tout lui réussit. A l'âge de treize ans, faveur jusqu'alors sans exemple, un fils de Laurent reçoit le chapeau de cardinal; Jules II mort, il l'échangera contre la tiare même, sous le nom de Léon X.

Vainement la démocratie florentine, dans le soubresaut d'un dernier réveil, chasse de nouveau les maîtres qu'elle a eu l'imprudence de se donner elle-même, pille leurs palais, saccage les richesses qu'ils y ont amassées; vainement le fameux dominicain Jérôme Savonarole, qui veut réformer à la fois l'Église et l'État, déploie son éloquence enflammée pour restaurer la liberté mourante, après quatre ans de stériles efforts (1494-1498), le moine tribun a tout le monde contre lui, et il périt sur le bûcher. Les tyrans bannis finissent par rentrer (1513), et de nouveaux complots, un troisième exil même, ne peuvent prévaloir contre leur fortune. Charles-Quint lui-même, l'empereur tout-puissant, se déclare pour ces Médicis que Florence refuse de rappeler, et envoie une armée assiéger la ville (1531). Celle-ci, défendue par l'ingénieur Michel-Ange, qui a fortifié les hauteurs de San Miniato, résiste longtemps, puis capitule.

Ce fut cette fois l'asservissement définitif pour la cité de Dante. Le principat restauré n'a même plus ces façons souriantes et cette main de velours qui l'avaient fait aimer tout d'abord. Alexandre de Médicis, devenu *duc* de Florence, par la volonté de Charles-Quint et du pape, remplit la ville de représailles et de vengeances. Ce ne sont que confiscations, sentences d'exil ou de mort, orgies de famille et assassinats. On se croirait à la cour de Ferrare, sous le règne de la famille d'Este. Avec les successeurs d'Alexandre, Cosme Ier, puis François, qui a le premier le titre de *grand-duc* de Toscane, la tyrannie, de plus en plus soupçonneuse, achève de dégrader les âmes et les caractères. Le gouvernement réparateur de Ferdinand et de Cosme II rend un demi-siècle de prospérité au pays; mais, après eux, les tristes jours reparaissent. Le septième et dernier grand-duc, Jean-Gaston, règne en quelque sorte dans son lit, entouré de bouffons et de viles créatures; avec lui s'éteint misérablement en 1737 cette illustre famille qui, passée du comptoir au trône, avait fourni à Rome trois pontifes, à la France deux reines, et avait, comme Périclès et Auguste, eu la gloire de donner son nom à un siècle.

A cent cinquante ans de là, au printemps de 1859, une autre famille grand-ducale [1], de souche étrangère, celle-là, s'enfuyait sans combat de Florence, dont la population venait de se rallier à la cause de l'indépendance nationale, et le mois de mars de l'année suivante voyait voter l'annexion de la Toscane au nouveau royaume d'Italie. Quelque temps même, la cité de l'Arno eut l'honneur insigne d'être capitale, et le Parlement tint ses séances dans l'antique palais des Prieurs; mais ce n'était là pour les députés qu'une espèce d'hôtellerie de passage; en septembre 1870, l'ambulante cour partie du Piémont accomplissait son dernier relais en s'installant dans la Ville Éternelle, et Florence devenait ce qu'elle est aujourd'hui, une simple préfecture de province, comme Pise et Lucques ses anciennes rivales.

1. Le dernier titulaire en a été, on le sait, Léopold II, archiduc d'Autriche.

CHAPITRE III

A travers Florence. — Le *Ponte Vecchio* et la place de la Seigneurie. — Les deux Marchés. — Le Dôme ; historique de sa construction. — Le Baptistère et le Campanile. — L'art florentin.

I

La majeure partie de Florence, y compris la vieille ville et les principaux édifices, occupe la rive droite de l'Arno. Des ponts qui traversent le fleuve, le premier en amont est le pont aux Grâces (*alle Grazie*), ainsi nommé d'une ancienne chapelle; le plus beau, au point de vue architectural, est celui de la Trinité, construit au XIVe siècle par l'Ammanati, et qui se compose de trois arches aussi élégantes que hardies; mais le plus célèbre, historiquement, est le *Ponte Vecchio* ou Pont Vieux, qu'on appelle aussi le pont des Orfèvres. Tel qu'il est, il date du XIVe siècle. Avec sa bordure de boutiques aux vitrines garnies de bijoux, comme du temps où y était établi l'orfèvre Maso Finiguerra, qui passe pour avoir inventé la gravure, ce pont vénérable est toujours un des points les plus animés de la ville. C'est près de là, au bout de la rue Por San-Maria, que se trouve la place de la Seigneurie, qui est à Florence ce que la place Saint-Marc est à Venise. L'histoire même de la grande cité, en ses deux périodes si tranchées, y revit dans un groupe d'édifices d'un aspect tout original.

Cette massive et sévère construction, sorte de forteresse quadrangulaire, dominée par une tour de 93 mètres d'élévation, au sommet de laquelle mène un escalier de quatre cent cinquante marches,

FLORENCE : LE PONT VIEUX.

c'est le Palais-Vieux (*Palazzo Vecchio*), jadis le siège du gouvernement. Que de fois la cloche de son haut beffroi a convoqué le peuple en assemblée tumultuaire! L'antique monument, si longtemps battu des orages politiques, n'est plus à présent qu'un hôtel de ville doublé d'une sorte de musée. La cour intérieure en est soutenue par des colonnes toutes couvertes d'ornements et de figures, inventions gracieuses de la Renaissance; au milieu se dresse une fontaine élégante surmontée d'une statuette de bronze, œuvre vivante et charmante du sculpteur Andrea Verocchio. Au premier étage est l'immense salle du Grand-Conseil, peinte à fresque par Vasari, et où siégèrent, je l'ai dit, un moment, les membres du Parlement italien.

C'est devant ce vénérable palais, sur la place qui fut le forum de la république, que s'alluma, il y aura tantôt quatre siècles, le bûcher de Savonarole. Une fontaine de Neptune, avec des Tritons et des Néréides, lance ses jets d'eau murmurants à deux pas de la statue de Cosme Ier. De l'autre côté s'élève la *Loggia de'Lanzi*, désignée originairement sous le nom de portique des Prieurs, et qui ne reçut sa nouvelle appellation que le jour où elle devint un corps de garde des lansquenets (*Lanzichennechi*) de ces « rois sans titre », les Médicis. C'était la tribune aux harangues de Florence; c'est là que se faisaient les communications au peuple assemblé.

Sous ses arcades pullulent les chefs-d'œuvre de bronze et de marbre : le fameux *Persée* de Benvenuto Cellini, le groupe antique d'*Ajax soutenant le corps de Patrocle*, *l'Enlèvement des Sabines*, *Hercule et le centaure Nessus*, par ce Flamand italianisé qu'on appelle Jean Bologne; puis, une œuvre toute moderne, jugée digne de figurer sous ce portique : *Pyrrhus enlevant Polyxène*, du sculpteur Fedi. On raconte que lorsque Laurent de Médicis, le troisième du nom, demanda à Michel-Ange de lui tracer le plan d'un palais de la magistrature, l'artiste lui conseilla de continuer tout bonnement autour de la place la loggia de'Lanzi, ajoutant qu'il était impossible de rien faire de plus beau. L'héritier du *Magnifique* recula devant la dépense.

Non loin de là enfin se dresse le palais des *Offices*, qui renferme les célèbres musées florentins, dont nous parlerons plus loin en détail.

Quel charme on éprouve à s'oublier sur cette place aux heures silencieuses où elle est déserte, et où de toutes parts vous revient à l'esprit, bien mieux que dans le grouillement de la foule, le souvenir des choses qui ne sont plus. Passez-y par exemple un matin, quand les premiers rayons du soleil effleurent le front du grand campanile. Qu'est-ce que ces formes étranges qui vous apparaissent comme en cariatides aux reliefs anguleux des murailles? Sont-ce des revenants du viel âge sortis des cavernes de pierres d'alentour pour vous narrer le poème du passé? Non, ce sont simplement des dormeurs, qui, sous ce beau ciel de Toscane, ont pris pour lit, qui un piédestal, qui un parapet, qui un banc marmoréen de la place; sans duote quelques travailleurs venus de loin, pour chercher de l'ouvrage aux rives de l'Arno, et qui, par économie, reposent là, dans l'air azuré, leur paquet sous la tête en guise d'oreiller. Allez-y aussi au clair de la lune, touriste ami de la couleur, contempler lss silhouettes féeriques des énormes masses de pierre et de marbre et ces spectres indécis de statues qui peuplent la ligne béante des portiques. Depuis cinq cents ans se répète ici, au pied du vieux castel songeur, la même fantasmagorie nocturne. Qui sait quel thème nouveau de rêverie y auront créé pour nos petits-fils cinq autres siècles écoulés?

II

Tout le quartier qui s'étend de cette place à celle du Dôme, puis, au delà, jusqu'à San Lorenzo, et que traverse la rue si vivante des *Calzajuoli* ou Bonnetiers, est, par excellence, la région historique de la cité. On a pu, dans les quartiers extérieurs, commencer à tracer de nouvelles voies, des chaussées luxueuses et coûteuses, bordées de magasins et de maisons qui, à vrai dire, demeurent presque vides : au cœur même de Florence, presque rien n'a changé depuis le temps de Michel-Ange et des Médicis Rues, palais et églises n'y ont subi, grâce au ciel, ni les dévastations de la guerre, ni celles, plus barbares encore, qui résultent des nivellements modernes. La vieille ville a échappé à cette rage de destruction qui a défiguré tant de cités en Italie comme ailleurs, et qui sévit à Rome même.

Regardez plutôt : voici encore les mêmes *vicoli* longs, étroits et tortueux du temps des gonfaloniers; à côté des imposants *palazzi*, voici les mêmes petites maisons hautes : tout, ici, est demeuré moyen âge. Au bout de la rue de l'Archevêché, parallèle à celle des Bonnetiers, le Marché-Vieux (*Mercato Vecchio*) est toujours là, avec sa même exhibition de comestibles variés, viandes, charcuterie bolonaise, fromages de tous les échantillons, et poissons aux âcres parfums. C'est toujours, comme jadis, le même assemblage d'échoppes mobiles qui n'ont guère souci de l'élégance moderne; tout au plus, par-ci par-là, un étal a-t-il été renouvelé. Aujourd'hui, comme autrefois, les maraîchers de Fiésole et les éleveurs des Maremmes apportent leurs denrées à ces *botteghe*; les paysans de la banlieue se donnent rendez-vous dans ce bazar odorant pour traiter d'affaires et vendre la paille tressée dont on fabrique les jolis chapeaux que l'on sait; bref, c'est là que l'étranger doit aller entendre les divers dialectes toscans dans toute leur sonorité gutturale.

Plus architectural de figure est l'autre marché, le Marché-Neuf, qui dresse dans la rue de la *porta Rossa* (porte Rouge) sa superbe halle de la Renaissance et sa fontaine du Sanglier. C'est là que se remisait ce fameux *Carroccio*, qui était comme le *palladium* et l'image ambulante de Florence : un chariot à quatre roues tout peint en vermeil, avec deux grands mâts de même couleur, au bout desquels flottait l'étendard blanc et vermeil de la commune. Il était traîné au combat par deux grands bœufs, couverts de drap rouge, qui ne servaient qu'à cet office, et qu'on nourrissait, comme des bêtes sacrées, dans l'hôpital de Pinti. Là où s'arrêtait le *Carroccio*, était le point de ralliement des guerriers; de là partaient les ordres de combat; la prise de ce véhicule de guerre était le signal de la défaite. Derrière lui marchait un autre char de bois sur lequel était la *Martinella*, c'est-à-dire la cloche qui sonnait l'attaque, et que l'on conservait au cœur de la ville, dans l'arc de la porte d'une petite église, Santa Maria, attenante au *Mercato Vecchio*.

Plus en aval, dans la rue des Tornabuoni et dans le borgo[1] *Ognisanti*, s'alignent au contraire les magasins de luxe et d'anti-

1. *Borgo*, quartier suburbain, dans les villes d'Italie.

quités; mais ce n'est pas là ce que l'étranger vient chercher à Florence; ce qu'il y veut retrouver, c'est l'empreinte originale des siècles, l'âme historique et artistique de la vieille cité.

III

Entre la Seigneurie et la place du Dôme nous rencontrons, dans la rue déjà citée des *Calzajuoli*, un grand bâtiment gothique de forme carrée, à trois étages, qui n'a pas trop l'air d'une église, et qui pourtant en est une : c'est Or San Michele ou San Michele in Orto. Les statues qui en décorent l'intérieur sont l'œuvre des plus illustres sculpteurs florentins, Ghiberti, Michelozzi, Jean Bologne, Verocchio et Donatello. Cet édifice a été complètement refait au XIVe siècle, car ce n'était d'abord qu'une construction destinée à servir de halle aux grains, et dont l'architecte primitif avait été précisément cet Arnolfo di Lappo, ou, mieux, di Cambio, qu'un décret public chargea en 1294 d'ériger le dôme de Sainte-Marie-de-la-Fleur.

A cette date, deux années seulement s'étaient écoulées depuis les ordonnances qui avaient transféré à la classe plébéienne des Métiers l'entière prépondérance politique. Florence était alors dans toute la chaleur et tout l'orgueil de ses sentiments civiques et républicains; aussi le décret qui appelait le « maître architecte de la commune », Arnolfo, à fournir le plan d'une cathédrale était-il conçu en termes pleins de noblesse, dignes d'un peuple libre et « de grande origine ». Il lui était enjoint « de faire le modèle ou dessin de la rénovation de Santa Reparata (c'était le nom de l'église qui occupait primitivement la place du Dôme), avec la plus haute et la plus somptueuse magnificence, de sorte que l'industrie et la puissance des hommes ne puissent rien inventer de plus vaste et de plus beau, et ce, conformément à ce qui a été dit et délibéré, en assemblée publique et privée, par les citoyens les plus sages de cette cité : à savoir, qu'on ne doit entreprendre les ouvrages de la commune que si l'on a la pensée de les faire correspondre à l'âme magnanime que composent les âmes de tous les citoyens, unies et confondues dans un même vouloir ».

OR SAN MICHELE.

Quatre ans après, le constructeur se mit à l'œuvre. La dépense était énorme. Tous les Arts et le menu peuple lui-même y contribuèrent. Arnolfo mourut en 1310, sans avoir achevé l'édifice, auquel on travailla du reste d'une manière continue pendant plus d'un siècle et demi.

Deux grands architectes, qui étaient en même temps de grands peintres, et dont je reparlerai, Giotto, puis Andrea Orcagna, poursuivirent successivement l'entreprise; mais l'immense vaisseau n'avait toujours pas son couronnement. L'homme qui devait le lui donner naquit seulement un an après la mort d'Orcagna (1377) : c'était Brunelleschi.

Comme la plupart des grands artistes italiens, Brunelleschi avait commencé par être orfèvre. L'orfèvrerie — le mot a perdu aujourd'hui de sa valeur — était proprement, en ce temps-là, l'art de travailler l'or; mais on appelait pièce d'orfèvrerie toute sculpture sur métal, que ce fût de l'or, de l'argent, du cuivre, du plomb ou de l'étain. Tout alors, à Florence plus qu'ailleurs, la religion, les mœurs, le luxe public, encourageait cette branche de travail. Quiconque voulait manier le ciseau ou le pinceau apprenait d'abord à enjoliver des statuettes, à sertir des pierres précieuses, à nieller des patènes ou des coupes. Vases sacrés ou de table, reliquaires ou menus objets de toilette de femme, diadèmes, armes, colliers, médaillons, tout était du ressort de cet art, où allait bientôt exceller Cellini.

Ce ne fut donc qu'après cette initiation que Brunelleschi aborda la sculpture. Il se présenta même au concours ouvert pour la construction des fameuses portes du Baptistère de Florence; puis il se retira de la lice en faveur de Ghiberti, qui, on va le voir, ne lui rendit pas générosité pour générosité. Tout jeune, et en compagnie de Donatello son ami, il avait fait le voyage de Rome. Mathématicien, géomètre, dessinateur, il ne s'était pas contenté d'observer les aspects et les lignes des monuments de la Ville Éternelle; il s'était pris à la substance même sur laquelle travaillait l'art antique. Il avait étudié en silence la nature des matériaux et celle des ciments, le calibre des pierres et les puissantes agglutinations qui les reliaient l'une à l'autre; il avait mesuré et calculé, et il était revenu à Florence avec l'idée d'une architecture nouvelle, où la simplicité et la hardiesse devaient s'unir et s'étayer dans une création gigantesque.

Il était âgé de quarante-quatre ans quand il se proposa pour achever la cathédrale d'Arnolfo. La chose paraissait impossible : ce n'était rien moins qu'un second temple aérien à jeter d'aplomb sur les pans droits du premier, une conquête à faire sur l'espace vide par un élancement de courbes et de voussures. Un congrès d'architectes de tous les pays avait été convoqué à Florence; chaque artiste émettait son idée. L'un parlait de placer à l'intérieur du vaisseau de gigantesques piliers destinés à porter la coupole; l'autre avait recours à des crampons de fer qu'on dissimulerait habilement; un troisième imaginait de soutenir la voûte, pendant qu'on la construirait, au moyen d'une montagne de terre où l'on enfouirait des pièces de monnaie, afin que la multitude se chargeât plus tard de la déblayer.

Brunelleschi exposa son plan à son tour. Cette fois, plus d'échafaudage ni de béquilles. Sans arcs-boutants, sans contreforts, sans armatures, sans charpentes, il s'engageait à inscrire l'une dans l'autre deux coupoles mesurant ensemble plus de 43 mètres de diamètre. « Sur les voûtes énormes des Tarquins il enlèverait, disait-il, le Panthéon à 300 pieds dans les airs ». A cette proposition insensée, une hilarité folle s'empara de la docte assemblée. L'audacieux rêveur fut mis à la porte, au nom du bon sens et de l'art outragés. En tous temps et en tous pays, n'est-ce pas le lot réservé aux innovateurs de génie qui entendent sortir des voies battues et de la routine?

Donc, à la ville comme à la campagne, chacun, à l'envi, se moqua de l'architecte, comme on eût fait d'un particulier qui eût parlé de voguer dans les airs au moyen d'une bulle remplie de gaz, ou de se lancer sur les chemins dans un véhicule dépourvu d'attelage. « C'est ce fou de Brunelleschi ! » se disaient entre eux les bonnes gens quand le pauvre grand homme passait dans la rue.

L'artiste cependant ne se tenait pas pour battu. Il avait fait de son projet un modèle en relief, qu'il cachait soigneusement, de sorte que, malgré les défiances, la curiosité se trouvait excitée. Enfin, comme, parmi ses concurrents, nul n'émettait une idée praticable, on résolut de faire l'épreuve du plan titanique de Brunelleschi.

Celui-ci fut donc autorisé à tenter l'érection de son œuvre, mais jusqu'à 7 mètres seulement de hauteur, et de plus on lui adjoignit, en qualité de collègue et de surveillant, ce même Ghiberti dont je viens de parler.

Que fit alors Brunelleschi? Il feignit d'être malade, et laissa son rival à ses propres forces. Ghiberti était, à coup sûr, un sculpteur hors ligne, mais ce n'était pas un architecte de premier ordre, et seul, d'ailleurs, l'homme qui avait conçu le plan était capable de l'exécuter. Bref, devant la nécessité, il fallut bien revenir à celui qu'on avait voulu évincer, et lui confier la direction unique et absolue des travaux.

Quel émerveillement mêlé d'effroi quand on vit la colossale coupole monter peu à peu dans les airs, en dominant au loin la vallée de l'Arno, et en réunissant avec une audace superbe, et sans la moindre cerclure de fer, les quatre nefs de Sainte-Marie-de-la-Fleur! Il n'y eut que la lanterne terminale[1], « le puissant chapeau » de l'édifice, que Brunelleschi n'eut pas le temps de poser; ce sublime ordonnateur de la pierre et du marbre, dont Cosme de Médicis disait qu'il serait « capable de retourner le monde », — « pourvu, ajoutait en riant l'artiste lui-même, qu'on lui donnât un point d'appui », — mourut en 1444, à l'âge de soixante-neuf ans. Son plus bel éloge a été fait d'un mot par Michel-Ange, dont le génie accomplit à Rome, au siècle suivant, le même coup d'audace architecturale, par l'érection du dôme de Saint-Pierre : « Où voulez-vous être enterré? lui demandait-on. — Je veux l'être, répliqua-t-il, à une place d'où je puisse contempler éternellement l'œuvre de Brunelleschi[2]. »

IV

Vis-à-vis du dôme est le Baptistère, édifice octogone, jadis entouré de tombeaux païens, et dans lequel plusieurs ont cru voir un ancien

1. Elle fut bâtie ultérieurement, mais non d'après le modèle de Brunelleschi.

2. Comme nous écrivions ces lignes, on inaugurait justement à Florence (mai 1887) la nouvelle façade (la précédente n'était que provisoire) de Sainte-Marie-de-la-Fleur. C'est elle que reproduit notre gravure frontispice. Cette cérémonie artistique a été l'occa-

temple de Mars. Qui n'a entendu parler de ses merveilleuses portes de bronze? La plus belle est celle qui fait face à la cathédrale, une vraie « porte du Paradis », suivant l'expression de Michel-Ange. Ghiberti a littéralement passé sa vie à sculpter ces bronzes sans pareils au monde où toute l'histoire juive, depuis la chute originelle jusqu'à la fastueuse royauté de Salomon, est représentée avec une pureté, une grâce de dessin, encore éclipsée par des splendeurs de paysage, des effets et des creusements de perspective, tels que la peinture seule semblerait pouvoir en produire.

L'aspect de la place est achevé par le Campanile ou clocher. En Italie, les clochers sont presque toujours séparés des églises, et constituent des édifices à part. Celui-ci est un monument quadrangulaire, d'environ 14 mètres de côté, et de 84 mètres de hauteur, isolé à la droite du Dôme. Un magnifique escalier de 403 marches conduit à la plate-forme supérieure. Ce beau clocher, que Charles-Quint aurait voulu couvrir d'un étui, estimant que c'était un péché de le laisser voir à tout venant, est orné de seize statues dues aux ciseaux de Donatello, d'André de Pise et de ce Lucca della Robbia qui a laissé de si beaux ouvrages en terre cuite vernissée. Cinquante-quatre bas-reliefs, exécutés par Giotto, en complètent la décoration. Traditions juives et grecques, navigation, labourage, domestication du cheval, arts, sciences, philosophie et théologie, toute l'histoire de la civilisation, telle qu'on la concevait au XIIIe siècle, y est représentée par le grand artiste auquel remonte en réalité l'ère de la première Renaissance.

Connaissez-vous la légende grecque qui raconte l'origine de la peinture?

Un jeune guerrier, au moment de partir pour le combat, alla faire ses adieux à sa fiancée, la fille d'un potier de Sicyone. Celle-ci, apercevant l'ombre du jeune homme sur le mur, eut l'idée d'en tracer les contours au charbon, afin de conserver le profil de celui que peut-être elle ne reverrait pas. Malheureusement, au bout de quelques jours, la noire silhouette commença de s'effacer. Que fit

sion d'une fête moyen âge, où un cortège historique de 2000 personnages à pied et à cheval, revêtus des costumes du XIIIe siècle, a défilé avec les *gonfalons* des Arts anciens. Un bal, également historique, donné dans le grand salon du Palais-Vieux, a clos cette fête florentine.

l'artisan? Il prit de l'argile et la plaqua dans l'espace compris entre les lignes. De cette façon, sa fille garda l'image indélébile de son promis.

Nous ignorons ce qu'étaient les ouvrages si renommés d'Apelle; nous savons seulement que les Grecs, les premiers, découvrirent les effets de lumière et d'ombre. Or, jusqu'au XIIIe siècle, l'art, en Europe, ne fit que reproduire les formes grecques ou byzantines. Procédant des *maîtres imagiers* et des mosaïstes, il se bornait à retracer les figures raides et inanimées des enluminures des missels et les illustrations au cinabre des livres d'heures manuscrits. Giotto, le premier, imagina de prendre ses modèles dans la nature même, s'inspira des corps vivants, essaya de rendre le mouvement et le geste. Un de ses disciples, Spinello Spinelli, d'Arezzo, osa représenter Satan avec un réalisme si complet que lui-même, dit-on, eut peur de son œuvre. La tradition ajoute que le diable lui apparut en songe pour lui demander pourquoi il l'avait fait si horrible, et que le pauvre artiste fut tellement saisi de ce rêve, qu'il en mourut.

Ce ne fut cependant qu'à partir de l'époque où fut inventé le procédé de la peinture à l'huile, que l'art progressa rapidement. Au XIVe siècle apparaît, toujours en Toscane, Andrea Orcagna, que le Campo-Santo de Pise nous montrera bientôt dans toute sa gloire. Au XVe nous avons Masaccio, Filippo Lippi et son fils Filippino, avec lesquels l'inspiration, quittant les sphères purement idéales, descend dans la réalité, dans la vie vivante et passionnée de la cité; nous avons Ghirlandajo, qui eut Michel-Ange pour élève, puis Andrea Verocchio. Je mets à part ce rêveur céleste qui s'appelle Fra Angelico. Le couvent qui fut témoin de son ascétisme et de ses visions nous ramènera tout à l'heure à lui. Au XVIe siècle enfin, la période épique et païenne de l'art italien, nous avons Léonard de Vinci, qui émigre ensuite à Milan, Michel-Ange, qui se partage entre Rome et la Toscane, Raphaël, qui est surtout Romain, mais qui séjourna à Florence de 1504 à 1508, enfin André del Sarto, le Raphaël de l'école florentine, qui, comme Vinci et le Rosso (maître Roux), vécut longtemps auprès de François Ier, à Fontainebleau et à Paris. Nous retrouverons successivement, au hasard de nos promenades dans la ville, tous les noms de cette triple pléiade.

CHAPITRE IV

A travers Florence (*suite*). — Les Offices et la salle de la Tribune. — Visites aux églises ; San Lorenzo, Santa Croce, Sainte-Marie-Nouvelle. — Fra Angelico et le couvent de San Marco. — Le palais Pitti et les jardins Boboli. — Les *Cascine*. — Les environs de Florence.

I

Le Louvre de Florence, ce sont les Offices (*Uffizi*). Le nom bizarre de cet édifice lui vient de ce que Cosme Ier, en le faisant construire par Vasari, songeait à y rassembler les diverses magistratures de l'État. Dès neuf heures du matin il y a foule dans les galeries de ce célèbre musée, si bien éclairé, si bien tenu, et des fenêtres luisantes duquel on peut, dans les moments de détente accordés à l'esprit de contemplation, regarder les flots argentés de l'Arno filant en remous vers les piles du pont Vieux. A perte de vue dans ses corridors s'alignent des files marmoréennes de dieux, de héros, d'empereurs, de grands hommes, tout l'Olympe païen et chrétien, tous les maîtres du savoir et de l'art. Mais le Saint des Saints, c'est la petite salle octogone qu'on désigne sous le nom de Tribune, et où des compartiments ordonnés par écoles nous présentent ce qu'il y a de mieux en sculptures aussi bien qu'en peintures.

La principale divinité en est la *Vénus de Médicis*, trouvée, on le sait, à Tivoli, dans les fouilles de la villa d'Hadrien. Il y a des gens qui ont fait pour elle seule le voyage de Florence. Elle n'est pourtant pas supérieure à sa sœur cadette — cadette par l'époque où elle fut exhumée, — la *Vénus de Milo* du Louvre. Une inscription l'attribue à l'Athénien Cléomènes, fils d'Apollodore. A quelle époque vivait ce sculpteur? on l'ignore.

Ce n'est pas là l'unique part des Grecs aux Offices : l'*Apollino*, le groupe des *Lutteurs*, celui de *Niobé*, le *Faune dansant*, le *Scythe aiguisant sa serpe*, etc., viennent encore d'eux. Le XVIe siècle nous présente ses Raphaëls : la *Fornarina*, la *Vierge au Puits*, celle *au Chardonneret*, le *Saint Jean*, etc.; — la *Sainte Famille* et le *Bacchus ivre* de Michel-Ange; — l'*Adoration des Mages* de Vinci; — les deux célèbres *Vénus* du Titien. Ajoutez les Carrache, les Véronèse, les Parmesan, les del Sarto et les toiles des écoles française, hollandaise et flamande. On ne résume pas ces galeries, on ne décrit pas ce royaume paisible des formes divines et humaines; on se contente d'errer, dans une douce extase, au milieu de ce monde idéal, éternellement muet et serein, malgré le tumulte de passions qu'il figure.

II

De là on refait une tournée dans les églises de Florence. On va voir à Saint-Ambroise l'*Adoration des mages* de Ghirlandajo; à l'Annonciade, sur la place du même nom, que décore une belle fontaine d'airain, les magnifiques fresques d'André del Sarto; aux Carmes, sur la rive opposée de l'Arno, celles de Masaccio et de Filippino Lippi; ou bien on visite, en deçà du fleuve, la grande église de Sainte-Croix (Santa Croce), encore une œuvre d'Arnolfo di Lapo, une sorte de Campo Santo, qui renferme les monuments funéraires de Galilée, de Michel-Ange, de Machiavel, d'Alfieri, etc.

Surtout, n'oubliez pas Saint-Laurent (San Lorenzo), déjà mentionné. Brunelleschi en fit le dessin; Michel-Ange y ajouta, sur la commande de Léon X, la fameuse chapelle où se trouvent les statues et les tombeaux des Médicis, et ce fut en cette occurrence qu'il entreprit l'exploitation des carrières de Serravezza. Voici, en casque de guerrier, Laurent II, le *Pensieroso*, comme on l'appelle, à cause de l'attitude méditative que lui a donnée le sculpteur; voici, en face de lui, Julien II, celui qui épousa une Nemours; il tient sur ses genoux le bâton de commandement. Voici, au-dessous, les deux fameuses figures du *Jour* et de la *Nuit*.

Celles-là, regardez-les bien. Une vierge qui s'éveille, paraissant sortir d'un lourd cauchemar, pour rentrer dans une réalité plus pesante encore; une autre vierge étendue, les yeux fermés, avec un hibou près de son pied; ce morne sommeil dont elle dort n'est visiblement que la prostration d'un corps et d'une âme rendus de souffrance. Quelle éloquence dans ces visages et dans ces attitudes! C'est que nous sommes — souvenez-vous de ce que j'ai raconté plus haut — au lendemain de la prise de Florence par les troupes hispano-allemandes de Charles-Quint. Michel-Ange a en vain défendu sa patrie, déployé en vain ses talents d'ingénieur, tant admirés de Vauban, sur les hauteurs de San Miniato. La liberté, je l'ai dit, a succombé pour jamais. Des mercenaires ont égorgé les meilleurs citoyens de la république. Tous les grands chemins de l'Italie sont couverts d'émigrés dont la tête est à prix.

Michel-Ange lui-même, à qui jadis Laurent II ne permettait pas de loger ailleurs que dans son palais, n'a échappé à la mort qu'en se cachant. On n'a bien voulu ensuite l'épargner qu'à la condition qu'il mettrait son art au service du vainqueur, qu'il achèverait, pour la gloire du pape Clément VII et du duc Cosme Ier, ce qu'il avait commencé en l'honneur du pape Léon X. Aussi quel tumulte dans ses pensées et quels bouillonnements dans son âme! Non, le soleil ne luit plus, et ne luira plus jamais qu'à demi sur Florence! C'est la « nuit » mélancolique et inerte, qui désormais plane sur la patrie vaincue et déshonorée... L'artiste accomplira, puisqu'il le faut, son œuvre de génie; il dévorera ses humiliations; mais il ne pourra forcer son ciseau à taire les révoltes de son âme insurgée contre l'esclavage; bien plus, il inscrira sur le socle de la sombre *Nuit*, en réponse au quatrain de Strozzi[1], ces quatre vers non moins expressifs que l'immortelle statue elle-même :

Grato m'è il sonno, e più l'esser di sasso,
Mentre che il danno e la vergogna dura;
Non veder, non sentir m'è gran' ventura.
Pero non mi destar. Deh, parla basso!

1. « Cette figure qui dort est vivante ; si tu en doutes, éveille-la, et elle te parlera. »

« Dormir m'est doux, et plus doux encore d'être pierre, — tant que dure la misère et la honte ; — ne pas voir, ne pas sentir, m'est

FLORENCE : FONTAINE D'AIRAIN DE LA PLACE DE L'ANNONCIADE.

une grande volupté. — C'est pourquoi ne m'éveille pas ! Pour Dieu, parle bas ! »

III

A deux pas de San Lorenzo, de l'autre côté de la piazza Vecchia, est l'église Sainte-Marie-Nouvelle, avec son beau chœur peint à fresque par Ghirlandajo. J'ai dit que Ghirlandajo avait été le maître de Michel-Ange; j'ajouterai qu'il était digne de montrer la voie à un tel élève. Quelle grandeur et quelle sévérité dans son style! Quelle science du dessin! Encore un qui avait commencé par être orfèvre; encore un aussi qui, à l'imitation de Brunelleschi, était allé chercher la source d'inspiration au milieu des arcs de triomphe et des amphithéâtres de la vieille Rome.

C'est également à Santa Maria Novella que se trouve la fameuse *Madone* de Cimabue, le père de la peinture florentine avant ce petit pâtre de Giotto dont il sut deviner le génie, rien qu'en le voyant dessiner sur la pierre les figures des bêtes qu'il gardait. Cette *Madone* excita un tel enthousiasme qu'elle fut portée en procession de la maison de l'artiste jusqu'à la chapelle où nous la voyons.

Ne quittons pas non plus cette église sans rappeler que c'est là que Boccace a donné rendez-vous aux « sept jeunes dames en habit de deuil, toutes de bonne maison, belles, sages, honnêtes et remplies d'esprit », et aux « trois aimables cavaliers » qui sont les personnages de son *Décaméron*.

Un autre sanctuaire de l'art, c'est l'ex-couvent de San Marco, situé non loin de l'Annonciade.

Ce couvent, qui appartenait à l'ordre de Saint-Dominique, était d'abord établi dans la banlieue florentine, au pied de la colline de Fiésole. Les bons moines, tout entiers à la prière et à l'extase, comme c'était d'ailleurs leur devoir, songeaient plus à gagner le ciel qu'à fixer sur eux les regards du monde, quand, un beau jour, leur communauté fit une recrue qui la livra d'emblée à la gloire.

C'était le fils d'un laboureur de Vicchio, petit village du Mugello, à vingt milles environ de Florence. Il s'appelait Giovanni Guido; mais la postérité le connaît mieux sous le nom de frère Angélique de Fiésole, *Fra Angelico da Fiesole*.

FLORENCE : CHŒUR DE SAINTE-MARIE-NOUVELLE.

Son début avait été fort modeste, comme son âme le demeura toujours. Après avoir exercé d'abord ses talents de miniaturiste sur des livres de chœur, sur des diptyques[1], des missels, il se mit à peindre des tabernacles et les autels des diverses églises. Sa touche suave et sereine lui eut vite fait une réputation. Il n'avait pas encore vingt ans que, grâce à ces heureux commencements, la vie s'ouvrait devant lui brillante et facile. Tout à coup il renonce au monde, et revêt l'habit de dominicain. Par bonheur, en renonçant au monde, il n'avait pas renoncé à la peinture. Dans sa cellule de Fiésole il continue les innocentes et bienheureuses fantaisies de son pinceau. Le prieur et les moines, ravis de cet art tout immatériel et mystique, lui demandent sans cesse de nouveaux ouvrages, le supplient de leur ouvrir à deux battants ce ciel que, dans leurs rêves éternellement coulés au même moule hiératique, ils n'avaient point soupçonné si beau, si plein d'azur et de rayonnements.

En 1436 les dominicains de Fiésole quittent leur couvent des hauteurs pour aller s'établir à Florence, dans un immeuble plus vaste et plus grandiose, place San Marco. C'était le « Père de la patrie », Cosme de Médicis, qui, à son retour d'exil, leur offrait cette maison, sans se douter qu'il préparait là un asile, mieux encore, une citadelle, à l'ennemi le plus acharné de sa famille, à ce *terribile frate* Jérôme Savonarole dont la voix puissante allait soulever contre les siens une si furieuse tempête populaire.

Dans ce nouveau milieu, frère Angélique se refait tout de suite un pieux atelier, et les fresques dont il orne la salle du chapitre, les corridors, les murailles des cellules, achèvent de mettre le sceau à sa renommée. Il se voit appelé à Rome par le pape Eugène IV, qui lui donne à peindre sa chapelle particulière du Vatican; il va ensuite à Orvieto décorer la voûte de la cathédrale.

Dans le bruit et l'admiration qu'il excite, il n oublie ni l'*oremus* ni la pénitence. Son horizon d'artiste reste toujours un horizon

1. Tablettes anciennes à écrire, consistant en matières dures (ivoire, métal, bois, etc.) pliées en deux (*diptucha*) au lieu d'être roulées comme les volumes faits de matières souples (par cheminou papyrus). Chez les Romains on y inscrivait les noms du consul, ses dignités, et l'on y sculptait son image avec tous les ornements de sa fonction. L'Église chrétienne les adopta, et y inscrivit de même les noms de ses membres, vivants ou morts.

de saints, d'anges et de vierges. Ses œuvres, si variées d'aspects et de détails, se résument toujours dans la même scène céleste, couronnement de Marie, jugement dernier, où les figures sont si spiritualisées, si éthérées, si « ravies », qu'on dirait presque des âmes. Certes, ni le modelé, ni le dessin, ni le relief n'en sont irréprochables; c'étaient là des choses que le *Beato*, comme on appelait le pieux ascète, n'avait point étudiées sur le vif; mais cet art illuminé et enluminé, tout primitif d'inspiration, aboutit à des expressions si touchantes, si recueillies, à un déploiement si candide de magnificences et de délices ultra-terrestres, que tous les défauts techniques disparaissent pour l'observateur dans l'effet vaporeux et doux de l'ensemble.

Un siècle plus tard, ce même couvent de San Marco recueillait, tout pantelant des orages politiques, un autre artiste célèbre, Baccio della Porta, dit Fra Bartolommeo (frère Barthélemy), ou, simplement, le *Frate*. Ce fut à l'âge de vingt-neuf ans, après la mort de Savonarole, dont il avait, comme fit Michel-Ange lui-même, suivi fidèlement la fortune, que Baccio se mit en religion. A l'exemple de Fra Angelico, il n'abandonna pas pour cela la peinture. L'œuvre principale que le cloître a conservée de lui est la fresque qui couvre les murs du réfectoire. Baccio fut surtout coloriste. Après avoir été l'ami de Savonarole, il devint celui de Raphaël, et l'on sait quelles longues causeries intimes le divin Sanzio, lors de son séjour à Florence, eut à Saint-Marc avec le *Frate*, dont il étudia même soigneusement la méthode.

IV

Allons voir maintenant, sur la rive gauche, le deuxième grand sanctuaire d'art de Florence, à savoir le palais Pitti. Bien que situés sur les deux bords opposés du fleuve, ce palais et les Offices ne font à vrai dire qu'un musée, réunis qu'ils sont depuis Cosme Ier au moyen d'une galerie de 500 mètres de long traversant l'Arno, galerie qui est elle-même toute une curiosité par les gravures, les dessins, les tapisseries dont elle est ornée.

J'ai dit ce que sont les palais florentins.

Ces sévères demeures, véritables forteresses par le pied, n'aspirent véritablement l'air que par la *loggia*; j'ai dit aussi que c'est dans le quartier central de la ville qu'on rencontre les spécimens les plus originaux de ces édifices. Tel est, par exemple, le palais Strozzi (rue Tornabuoni), avec sa triple façade et son admirable corniche. Construit à la fin du XVe siècle sur les plans de Benedetto da Majano, l'auteur de la belle chaire de l'église Santa Croce, il renferme une magnifique galerie de tableaux. Tel aussi le palais Rucellai, près de la porte *al Prato*, avec ses magnifiques jardins où se réunit pendant

FLORENCE : LE PALAIS PITTI.

un temps l'académie platonicienne dont je parlerai ci-après, et qu'habita plus tard cette fameuse Vénitienne Bianca Capello que François de Médicis, au XVIe siècle, fit grande-duchesse de Toscane.

Quelques-uns de ces *palazzi*, comme c'est le cas pour ceux de Venise, sont aujourd'hui transformés en hôtels : tel le palais Bartolini, sis place de la Trinité, et qui, par les colonnes de ses portes et les frontons de ses fenêtres, ressemble un peu à une église. Une autre demeure curieuse, c'est le palais Riccardi, situé rue Cavour. Il est l'œuvre de Michellozzi, qui l'érigea pour Cosme l'Ancien, et il mériterait une mention à part, rien que pour avoir été la première habitation des Médicis. Au point de vue des bossages, c'est peut-être le plus remarquable de tous. Il contient une bibliothèque, la *Riccardiana*, de trente mille volumes et quatre mille manuscrits. Le palais Corsini, au bord de l'Arno, est riche, lui aussi, en peintures.

Quelle chose surprenante vraiment que l'art avec lequel les Florentins ont su donner le caractère de grandioses résidences aux lourdes et colossales bâtisses où se complaisait le moyen âge !

Notez que, depuis le sinistre *Bargello* (ancienne maison de ville, aujourd'hui Musée national), qui fut bâti par les podestats des premiers temps de la république, et dont le touriste ne saurait oublier la belle cour intérieure à arcades, les énormes escaliers de pierre, les vastes salles, les cheminées quasi cyclopéennes, jusqu'aux palais modernes des quais prolongés de l'Arno, on suit le plus aisément du monde les phases et les transformations de cette architecture *sui generis*, toute particulière à Florence. Mais la merveille du genre dans toute sa pureté, c'est — j'y arrive — le palais Pitti.

Construit en 1440, sur le dessin de Brunelleschi, pour un simple marchand florentin dont il a conservé le nom, il fut acquis, un siècle plus tard, par les Médicis, qui le firent achever et l'habitèrent.

Cet édifice, rendu encore plus imposant par sa position surexhaussée, a l'air d'une véritable gageure. Il est fait de blocs énormes et à peine dégrossis, dont les emmanchements laissent passer de gigantesques bossages. Les Pélasges seuls ont su, en leur temps, entasser des masses aussi formidables et aussi anguleuses. La façade a 200 mètres de long. Sur l'assise colossale du monument montent deux étages qui vont en se rétrécissant. Point d'autre décoration extérieure qu'une longue balustrade couronnant chaque étage et les lourdes arcades cintré s qui encadrent les fenêtres. Le géant est tout de pierre nue.

L'aspect de la cour intérieure n'est pas moins fruste, malgré ses trois lignes de colonnes superposées ; le dallage même y est en harmonie avec la rudesse sombre de l'ensemble. Mais entrez dans cette enfilade de salons où a été rassemblé par les Médicis, en fait de tableaux, de statues, de meubles précieux, d'ivoires et de mosaïques, tout ce que la puissance aidée de la richesse peut accumuler de chefs-d'œuvre : quelle surprise ! quel éblouissement ! presque tout, dans

FLORENCE : COUR DU BARGELLO.

cette galerie, est hors ligne. Trois toiles, hors ligne entre les autres, y proclament le génie de Raphaël : *la Vierge à la Chaise, la Vision d'Ézéchiel*, et cette *Madone* dite *du grand-duc*, que le duc Ferdinand emportait toujours avec lui dans ses voyages.

Au palais Pitti attiennent les jardins Boboli, commencés au XVIe siècle sous Cosme, le premier grand-duc de Toscane. Ces jardins, à limitation desquels, mais dans des proportions plus splendides,

POGGIO IMPERIALE.

Louis XIV a créé ceux de Versailles, s'étendent à la limite sud de Florence, depuis la forteresse du Belvédère jusqu'au rond-point de la *porta Romana*. Quel plaisir, au sortir de la célèbre galerie, où l'on s'est empli l'œil et la tête de tant de visions merveilleuses, d'aller se reposer un instant sur les terrasses du *Coffee house*, pour contempler, au delà de l'Arno, les dômes étincelants de Florence, ou bien de descendre à l'Isoletto humer la fraîche buée qui s'élève de la grande vasque ruisselante sur laquelle Jean Bologne a sculpté son Neptune !

V

De la *porta Romana* susnommée on a du reste le choix des promenades. Une route mène à droite vers la colline de Bello-Squardo (Bellevue); à gauche, une superbe avenue, *viale de'Colli*, aboutit au Poggio Imperiale, une ancienne villa des Médicis transformée en un institut de demoiselles dans le genre de la Légion d'honneur de Saint-Denis, puis, vingt minutes plus loin, à la Torre del Gallo, sorte de castel qui servit d'observatoire à Galilée. De sa plate-forme crénelée, où l'on accède par des escaliers de bois, on jouit d'une magnifique vue sur Florence.

Un autre *signal* se dresse plus à l'est : c'est la colline funéraire de San Miniato, que domine l'église du même nom. Vue de là, le val de l'Arno ressemble à une belle coupe dorée ou vermeille dont les bords vont en s'évidant. Du creux de la dépression qu'elle remplit, la ville monte en s'étalant sur les pentes revêtues d'oliviers. Ses campaniles, ses tours et ses dômes se détachent magnifiquement en relief parmi cet amas de maisons et de palais qui se serrent et se tassent, comme pour se pousser mutuellement en hauteur. Les diverses parties du panorama offrent une sorte de gradation harmonieuse; rien de violent ni de heurté; au-dessus des coteaux riants apparaissent des sommets aux contours adoucis; plus loin sont des croupes anguleuses aux couleurs plus ternes, jusqu'à ce qu'enfin le regard se perde sur les cimes sauvages et bleuâtres qui forment la dernière ligne apennine.

Dans Florence même, on peut le dire, chaque pas ménage à l'artiste une surprise d'optique ravissante. Ici c'est un chevet d'église peuplé de statues expressives; là, un mur où l'arcade italienne s'incruste en se développant avec grâce, ou une file de colonnettes dont les têtes soutiennent le toit d'un promenoir.

On lève les yeux, et, au bout d'une rue, par-dessus les toits aux tuiles brunes, on aperçoit un pan de colline ou une grande sommité toute baignée d'azur. Les femmes du peuple, en châles violets et en chapeau de paille, ont une exquise distinction de traits et de tour-

SAN MINIATO AL MONTE.

nure. Presque pas de mendiants ni de déguenillés. Le caractère de cette foule bariolée, qui aime toujours la vie en plein vent des républiques anciennes, est une grâce simple, héritage physique et moral transmis de génération en génération, une expansion contenue qui trahit une force d'imagination très heureusement accommodée au menu train de la réalité. On s'amuse ici sans désordre; rien de brutal ni d'intempérant; tout pour les yeux et l'entendement. Au plaisir grossier du cabaret, les plus infimes préfèrent le théâtre, les farces bouffonnes du *Stenterello*, qui est le masque comique de

MONTE OLIVETO.

Florence, comme *Monsieur Pantalon* est celui de Venise, et les promenades vivifiantes au dehors.

Un fleuve aux ondes claires, semé çà et là de bancs de gravier, coule le long de magnifiques quais (*Lungarno*, le long de l'Arno) bordés de maisons monumentales. C'est là, du côté où ses eaux s'enfuient vers Pise, que se trouve la promenade fashionable de la ville, celle où afflue à l'heure du *fresco*, comme, chez nous, au bois de Boulogne, la foule des promeneurs et des étrangers : ce sont les *Cascine* ou Laiteries. On y va en voiture, à cheval, à pied, ou même à dos de chameau, car le chameau est depuis longtemps à peu près acclimaté en Toscane. La futaie est superbe; les haies verdoient à droite et à gauche, et l'on chemine doucement, en vue des montagnes, le long de la belle rivière murmurante.

Sortons-nous au contraire de Florence sur la rive opposée du fleuve, c'est-à-dire par la porte San Frediano, donnant sur la route de Pise, que dessert un tramway : le spectacle est tout différent. Nous sommes ici dans un vrai faubourg où règne un va-et-vient incessant de citadins et de campagnards conduisant le char à deux roues que l'on connaît ; aux fastueuses constructions, aux cafés, aux

LA PETRAIA.

magasins, succèdent de chétives maisons, des boutiques de selliers, de forgerons, de tonneliers, de peaussiers, et de vulgaires *trattorie*. Plus de dallage ; le macadam avec sa poussière. Et, au bout du chemin, à main gauche, sur une éminence revêtue de noirs cyprès, l'ex-abbaye de Monte Oliveto (mont des Oliviers), qu'on atteint en passant devant le parc Strozzi.

Parcs et villas, il y en a tant autour de Florence, qu'il est presque impossible de tout voir. Les Médicis, à eux seuls, ont couvert la grande et la petite banlieue de leurs résidences, toutes plus

FLORENCE : LES CASCINE

fastueuses les unes que les autres. Au nord, sur la route de Pistoie, c'est le domaine de San Donato, qui naguère appartenait aux Demidoff; les jardins en sont merveilleux, les peintures plus admirables encore. Plus loin, dans la même direction, sur la rive droite de l'Ombrone, est le Poggio a Cajano, résidence favorite de Laurent de Médicis. C'est là que Bianca Capello, qui venait de faire consacrer officiellement sa liaison avec le grand-duc François, le père de Marie de Médicis, périt d'une mort mystérieuse et tragique, empoisonnée, selon toute apparence. Un peu en deçà se dresse la villa Careggi, encore une demeure chère à Laurent; non loin d'elle, Castello, avec ses splendides jardins et sa fontaine monumentale; puis la Petraja, qui fut restaurée pour Victor-Emmanuel; enfin, par delà le torrent du Mugone, à la base même de la montagne qui porte la vieille cité de Fiésole, la villa Mozzi, fondée par Cosme l'Ancien, et où se noua la conjuration des Pazzi. Citons encore, pour mémoire, sur le penchant du même coteau, la petite villa si bien ombragée delle Fonte ou des Trois-Visages (*Tre Visi*) qui abrita la société mise en scène dans le *Décaméron* de Boccace.

CHAPITRE V

A travers Florence (*suite*). — Les grands hommes de la Toscane. — Michel-Ange; le patriote et l'artiste. — La maison de Machiavel. — Benvenuto Cellini et la fabrication du *Persée*. — Dante et *la Divine Comédie*. — Pétrarque et Boccace. — La littérature toscane et l'Académie de la *Crusca*.

I

Nous avons déjà vu, chemin faisant, quelle merveilleuse poussée de grands hommes a produite le sol de la Toscane. Voulez-vous, avant de quitter Florence, visiter quelque habitation d'un prince de la littérature, de l'art ou de la science, vous n'avez que l'embarras du choix.

Rue Saint-Julien, derrière Sainte-Croix, vous trouverez la *casa* Buonarroti, léguée, je crois, à la commune, il y a une vingtaine d'années à peine, par le dernier membre de la famille. Elle renferme un petit musée où l'on vous fera voir, entre autres reliques, l'épée, la canne, la table à écrire et les pantoufles du glorieux artiste.

Michel-Ange était né au château de Caprese, dans le voisinage de la ville d'Arezzo, le 16 mars 1475. Sa famille, très pauvre, descendait des comtes de Canossa, et son père était podestat de Caprese et de Chiusi. Il fut mis en nourrice à Settignano, chez un tailleur de pierres, et c'est pourquoi il écrivait plus tard à Georges Vasari, son élève et ami : « Je dois au lait que j'ai sucé les maillets et les ciseaux dont je me sers pour sculpter ». Il lui dut aussi sans doute cette nature vigoureuse et rustique, cette faculté de se replier sans cesse sur soi-même, cet amour du travail rude et manuel, qu'il garda jusqu'à la fin de sa vie.

Il débuta, je l'ai dit, dans l'atelier du *fresquiste* Ghirlandajo, maître charmant et superbe à la fois, dont l'œuvre présente cet ondoiement de lignes et ce sourire *faunesque*[1] que rechercha toute une école en Toscane comme en Lombardie. Il commença toutefois par s'adonner à la sculpture, où sa science de l'anatomie lui fut d'un secours très puissant. L'étude des fragments de l'antiquité

MICHEL-ANGE.

que Laurent de Médicis avait rassemblés dans le jardin public de la place San Marco, était alors la base d'un enseignement généreux et nouveau. Nul n'alla plus loin que Michel-Ange dans la compréhension libre de ces débris qui, pareils au blé vieux de sept mille ans retrouvé dans les pyramides d'Égypte, se remirent à germer comme d'eux-mêmes au sortir des vignes et des tas de moel-

1. On sait que Michel-Ange, à plusieurs reprises, se fit un malin plaisir de berner les gens avec de faux *antiques*, tels que cette tête de *Faune* édenté qu'il présenta un jour à un Médicis, et cet *Amour endormi*, qu'il servit au cardinal Giorgio. N'y avait-il pas là une réminiscence de son séjour chez son père nourricier, le paysan de Settignano, lequel s'amusait à tailler des pseudo-antiques, à les enfouir, puis à les déterrer pour les vendre à de soi-disant amateurs ?

lons où on les avait encastrés ou enfouis sous la terre grise et le fumier des siècles.

Dès 1498 il exécute, pour l'ambassadeur de Charles VIII près du pape, cette fameuse *Pieta*, dont on peut voir un moulage excellent à l'École des Beaux-Arts de Paris. En 1504, d'un bloc colossal, laissé depuis cent années à l'état d'ébauche dans Santa Maria del Fiore, il tire son *David*, au genou duquel atteint à peine l'homme de la plus haute taille. Cette gigantesque statue de marbre fut longtemps à la porte d'entrée du Palais-Vieux à Florence. Aujourd'hui elle se trouve à l'Académie des beaux-arts.

Ce fut, en quelque sorte, sur l'ordre du pape Jules II qu'il devint le peintre hors ligne qu'on connaît. En 1508 ce pontife le charge de décorer à fresque la voûte de la chapelle Sixtine. Bien que Michel-Ange, on l'a vu, eût eu pour maître un fresquiste, à peine connaissait-il le procédé dont on lui imposait l'emploi. Il commence par appeler des praticiens, les fait travailler, puis, mécontent d'eux, les renvoie, et, seul dans la chapelle, l'œil sur la terrible nudité du plafond, il entreprend ce labeur compliqué, qui, une première fois, le trahit si bien qu'il est forcé d'en recommencer une partie. J'ai dit ailleurs[1] avec quelle audace, du haut de son échafaudage, il tenait tête à Jules II. Jusque dans ses rêves il poursuivait l'idéal de ses grandioses créations.

La nuit, dit-on, il s'éveillait, se coiffait d'un casque en carton dans la pointe duquel était fichée une chandelle en suif de chèvre, et, silencieux, enfiévré, il s'acharnait à fixer tel contour, telle saillie de muscle, tel raccourci, dont son âme recueillie venait d'avoir la vision.

En 1512 la Sixtine fut ouverte à la cour du Vatican; l'ouvrage n'était pas terminé, il ne devait l'être que trente ans plus tard, après une longue interruption de travail; mais déjà toute une suite de peintures sublimes, la *Création de l'homme*, les *Sibylles*, *Jonas*, les *Prophètes*, emplissaient de leurs magnificences trois séries de compartiments.

En 1530 Michel-Ange était en train de travailler aux tombeaux des Médicis, quand éclatèrent les terribles événements que j'ai rappelés

1. Voyez notre volume *Rome et la Campagne romaine* (Hachette et Cie), p. 166-169.

à propos de l'histoire de Florence. Michel-Ange accepte sans hésiter la tâche difficile d'organiser la défense de sa patrie. Il entoure la colline de San Miniato de bastions en bois de châtaignier et de chêne, et, plusieurs mois durant, il dirige en personne tous les travaux. Un dissentiment s'étant élevé entre lui et le gouvernement, Michel-Ange, blessé dans sa fierté, sort de la ville que sa science d'ingénieur venait de fortifier, et se retire à Ferrare; mais bientôt il est rappelé par le peuple, dont l'instinct, en cette occasion, ne se trompait pas. Il rentre dans Florence au péril de ses jours, et reprend le commandement pour ne plus le quitter. On sait le reste : la famine ajoute ses horreurs aux troubles odieusement fomentés par une partie des *grassi*; une porte est livrée par trahison, et, le 12 août, la ville capitule.

Amnistié par Clément VII, à la condition qu'il achèverait les tombeaux des Médicis, Michel-Ange se remet farouchement à ce travail dont j'ai fait connaître ci-dessus le résultat[1]. En 1532 il retourne à Rome compléter la décoration de la Sixtine par son immense fresque du *Jugement dernier*, qui ne contient pas moins de trois cents figures, de deux, trois et quatre mètres de hauteur. Un peu plus tard, nommé architecte en chef de Saint-Pierre, dont l'édification se poursuivait depuis longtemps déjà, il termine les grandes voûtes des nefs, ainsi que le tambour du dôme : c'est la principale occupation des dix-sept dernières années de sa vie. Il rêvait d'achever la coupole, quand il mourut, le 18 février 1564, âgé de quatre-vingt-neuf ans.

Vingt-deux jours après, on déterra furtivement son corps, qui fut envoyé dans un ballot de laine à Florence, où on le reçut avec une indescriptible émotion.

Tout à ses conceptions d'artiste et à ses rêves de patriote, Buonarroti, en somme, vécut solitaire et superbe, toujours travaillant, toujours militant. « *Vo' stringer sempre.* (Il faut sans cesse étreindre) », telle était la devise de ce puissant génie, qui, selon le mot d'un historien, « excéda infiniment sa destinée ».

Bien que défiguré de bonne heure par un coup de poing de Torrigiano qui lui avait écrasé le nez, il avait eu, paraît-il, dans

1. Voyez pages 69-72.

sa jeunesse, des traits d'une vivacité séduisante. Plus âgé, ses bustes nous le montrent avec un visage d'une grandeur sévère, pensif, un peu inquiet.

Il avait été l'ami du terrible moine Savonarole, et l'on croit que c'est la physionomie exaltée et farouche de ce tribun qu'il a reproduite dans son *Moïse*. Il avait eu surtout un profond attachement pour Dante, à la nature duquel la sienne ressemblait par tant de côtés; il s'était offert à faire son tombeau; on n'agréa pas sa proposition. Grand admirateur du poète florentin, il l'avait, je l'ai dit, en partie commenté dans ses fresques de la Sixtine, et l'on sait, en outre, qu'il avait illustré à la plume un exemplaire in-folio de la *Divine Comédie*, qui, malheureusement, s'est perdu dans le naufrage d'un navire allant de Livourne à l'Adriatique.

II

Rue de la Costa, contre la forteresse même du Belvédère, est la maison où vécut Galilée, ce rénovateur des sciences au XVIe siècle, qui vint au monde le jour même où mourait Michel-Ange (18 février 1564). Je reparlerai de lui plus loin, à propos de Pise, sa patrie.

Une autre demeure historique, c'est celle de Machiavel, rue Guicciardini, au delà de l'Arno. Le grand historien naquit en 1469, à Florence, d'une famille guelfe qui avait fourni à la république treize gonfaloniers de justice et cinquante-trois prieurs des Arts. Lui-même fut de bonne heure nommé secrétaire des Dix de Paix et de Liberté, et chargé, comme tel, non seulement de la rédaction des traités avec les puissances étrangères, mais encore de toute la correspondance politique à l'intérieur et à l'extérieur. C'était, on le voit, un office important, où il fallait un véritable homme d'État. Machiavel remplit, en outre, une vingtaine de légations au dehors. Impliqué ensuite dans la conjuration Capponi contre le cardinal Médicis, celui qui devint Léon X, il fut emprisonné et mis à la torture. Amnistié plus tard, il se retira à San Casciano, localité au sud de Florence, et ce fut là que, dans l'intervalle de ses affaires, car il avait fini par rentrer dans la vie politique, il écrivit ses ouvrages les plus renommés, et spécialement son livre du *Prince*, modestement intitulé par lui *Opuscule sur les principautés*. Il mourut en 1527, âgé seulement de cinquante-huit ans.

Revenons à présent dans le quartier du Dôme. Là, rue de la Pergola, se présente à nous la *casa* de Benvenuto Cellini. Une figure épique en son genre que celle de ce roi des orfèvres, qui fut aussi graveur et statuaire. D'une humeur querelleuse et bizarre, il avait toujours la rapière en main. Lors du sac de Rome par les troupes du connétable de Bourbon (1527), Cellini, qui avait vingt-sept ans, se réunit à quelques amis pour défendre le château Saint-Ange, et là on lui confia le service de cinq pièces d'artillerie, avec lesquelles, raconte-t-il du moins dans ses *Mémoires* si pleins de verve, il accomplit toutes sortes de merveilles. Après un séjour à Fontainebleau auprès de François Ier, il revint se fixer à Florence, où sa renommée d'artiste ne fit que s'accroître. Deux siècles et demi après sa mort, un amateur anglais voyageant en Italie payait 800 louis d'or une tasse d'argent ciselée par lui.

C'est dans la maison de la rue de la Pergola que Cellini fit son fameux *Persée coupant la tête de Méduse*, qui est sous l'arcade gauche de la Loggia de'Lanzi. Cette fabrication fut tout un drame où se révèle bien la nature de l'artiste, et dont lui-même a noté les péripéties.

Il avait d'abord, sur la demande de Cosme Ier, exécuté un modèle en cire jaune d'une brasse de hauteur. Ce modèle réduit plut au duc, qui voulut avoir l'ouvrage en grand pour la place de la Seigneurie. Ici commença une série de tribulations incroyables. Benvenuto ayant demandé qu'on lui fournît les moyens d'établir à l'aise ses fourneaux, le prince donna ses ordres à un majordome, lequel, à son tour, donna les siens « à un petit homme sec et maigre, qui était payeur, et qui se nommait Latanio Gorini ». Cet homme, dit Benvenuto, « avec ses petites mains d'araignée, sa petite voix de moustique (*on ne connaît que trop la musique de ces bestioles ailées à Florence*) et sa lenteur de limaçon, me fit pourvoir tant bien que mal de pierres, de sable et de chaux, juste de quoi bâtir un colombier assez mesquin.... Je me rassurai en me disant à part moi que les petits commencements ont parfois de grands résultats.... Je soufflais au derrière de Gorini pour le faire avancer; je criais après des ânes boiteux et un petit borgne qui les conduisait, et, en attendant, malgré ces difficultés, je préparais l'emplacement de mon atelier ».

Benvenuto avait, en effet, déraciné arbres et vignes, et les choses semblaient près de marcher, quand il fut appelé par le majordome. Celui-ci le reçut dans la salle de l'Horloge du Palais-Vieux, et lui demanda, le verbe haut, de quel droit il bâtissait. « Du droit que m'a conféré Son Altesse. » Là-dessus dénégations arrogantes dudit majordome. Benvenuto n'était point, je le répète, de nature patiente; on peut même affirmer qu'il avait la tête singulièrement près du bonnet. Il se fâcha donc tout rouge, et envoya promener « le majordome et son duc », comme Michel-Ange avait fait de Jules II en une occurrence analogue[1]. L'affaire s'arrangea cependant après coup, et 200 écus de gages furent alloués à Benvenuto pour le travail qu'il entreprenait.

L'atelier une fois bâti, ce fut le diable pour se procurer des ouvriers. Contre vent et marée, l'artiste arriva enfin à ce qu'il voulait, et la grande besogne fut mise en train. Mais voici qu'au dernier moment on vient lui annoncer que tout est perdu. Il était au lit avec la fièvre. Il se lève et court à son fourneau. Ici il faut le laisser parler.

« Je vis, dit-il, que le métal s'était tout à fait coagulé, était ce qu'on appelle en gâteau. J'ordonnai à deux manœuvres d'aller en face, à la maison de Capretta le boucher, chercher une pile de bois de jeunes chênes qui étaient secs depuis plus d'un an, et que dame Ginevra, femme de Capretta, m'avait offerts. Aussitôt que les premières brassées furent arrivées, j'en remplis le foyer, parce que cette espèce de chêne fait un feu plus vif que tous les autres bois (on emploie au contraire le bois d'aune et de pin pour couler les pièces d'artillerie, parce qu'il faut un feu plus doux). Dès que le gâteau sentit le brasier, il commença à devenir moins épais et à se liquéfier.... Mais, tout à coup, on entendit une détonation, et l'on vit une grande flamme, semblable à un éclair, qui frappa tout le monde de terreur... La clarté dissipée, on s'aperçut que le couvercle

1. Voyez ci-dessus la note de la page 92.

de la fournaise s'était brisé et soulevé, de sorte que le bronze en sortait. Je commandai vite d'ouvrir l'orifice de mon moule; je fis en même temps taper sur les tampons du fourneau, et, voyant que le métal ne coulait pas avec la promptitude ordinaire et que la violence du feu avait consumé tout le bois, je fis prendre tous mes plats, mes écuelles, mes assiettes d'étain : il pouvait y en avoir deux cents; je les mis l'un après l'autre devant mes canaux, et j'en fis jeter une partie dans le fourneau.... Alors le bronze devint parfaitement liquide. Je me jetai à genoux, et remerciai Dieu. »

Benvenuto confesse de plus qu'il mangea de joie une salade et tout un chapon, — sans doute un de ces bons chapons farcis que Bologne la Grasse expédie en Toscane. Quant aux gens qu'il soupçonnait d'avoir fait figer exprès son métal en gâteau, pour servir les vengeances de l'hostile majordome, ils allèrent, paraît-il, dire à ce dernier que Benvenuto n'était pas un homme, mais bien le diable en personne.

Ce petit poème en action ne rappelle-t-il pas les luttes, plus héroïques encore, soutenues également devant la fournaise par un artiste français du même siècle, l'illustre émailleur Bernard Palissy?

Benvenuto mourut en 1570, laissant après lui un double renom, celui d'artiste et celui d'écrivain. Les ouvrages sortis de sa plume (*Traité d'orfèvrerie*, *Mémoires*, etc.) sont en effet réputés classiques au pays d'outre-monts; le style en est sans apprêts, alerte, original comme l'homme, et nombre de ses locutions ont eu l'honneur de se voir citées dans ce fameux *Dictionnaire de la Crusca* dont je parlerai bientôt au lecteur.

Nous pourrions aussi nous arrêter devant la maison où demeura et où mourut, en 1803, le fameux poète dramaturge Alfieri, qui, Piémontais de naissance, voulut être Toscan par la langue, et dont un théâtre de Florence porte le nom. Vous vous souvenez d'avoir vu son tombeau dans l'église Sainte-Croix, entre le monument de Machiavel et celui de Michel-Ange; mais il me tarde d'en venir enfin à la plus grande des gloires florentines, à l'homme de génie dont la statue se dresse sur cette même place Santa Croce, et dans les œuvres duquel le comte Alfieri précité rapprit de toutes pièces l'italien : j'ai nommé Dante Allighieri.

III

Où est la maison de Dante à Florence?

Sur une petite place étroite donnant dans la rue Ricciarda on vous montre une demeure modeste, à demi ruinée, aux baies de fenêtres vides, en vous disant : *Ecco la piccola casa di Dante!* (Voici la petite maison de Dante!) Est-ce là, réellement, qu'habita le grand poète? Les uns le nient, les autres l'affirment; mais qu'importe, après tout? Son souvenir vit partout dans la ville, son ombre se détache de chaque mur, et tout y raconte sa vie tourmentée.

Né en 1265, de la noble famille des Allighieri, qui avait d'abord porté le nom d'Elisei, Durante, ou, par abréviation, Dante, eut pour maître le fameux grammairien-philosophe Brunetto Latini, mort en 1294. A neuf ans il connut la jeune Béatrice Portinari, du même âge que lui à peu près; ce fut pour elle qu'il composa ses premiers vers, et ce sont ces innocentes amours d'enfance qu'il a racontées dans un de ses ouvrages en prose, intitulé la *Vita Nuova* (la Vie Nouvelle).

Issu de parents guelfes, Dante commença par être Guelfe lui-même. Il servit d'abord dans la cavalerie contre les Gibelins d'Arezzo, et se distingua, en 1289, à la bataille de Campaldino. L'année suivante, âgé de vingt-cinq ans, il prit part à l'expédition contre les Pisans; puis il entra dans la diplomatie, et ne remplit pas moins de quatorze ambassades.

La douleur que lui causa la perte de Béatrice ne l'empêcha pas de se marier, en 1291, à une fille de l'illustre maison des Donati, dont il eut plusieurs enfants; seulement la mésintelligence se mit bientôt entre les époux, et ils se quittèrent. J'ai dit que Dante s'était fait inscrire dans l'ordre majeur des Apothicaires. A trente-cinq ans il fut élu prieur, et de là datent ses malheurs.

De sanglantes rivalités de familles s'étant élevées à Pistoie, les factions des Blancs et des Noirs, nées de ces dissensions, prennent les Florentins pour arbitres, et il en résulte des discordes nouvelles dans la ville déjà si troublée. Dante entreprend de demeurer juste et impartial entre les partis; il réprime durant sa magistrature les excès, de quelque côté qu'ils viennent. Supérieur à toutes les haines, il bannit tour à tour les chefs des Noirs et ceux des Blancs.

Sur l'entrefaite, Charles d'Anjou entre en Italie. Les Blancs veulent s'opposer à sa venue; ils succombent. Charles, en se rendant en Sicile, passe à Florence, s'y déclare pour les Noirs, et les principaux chefs du parti adverse sont expulsés, Dante entre autres. Une pre-

DANTE.

mière sentence l'a frappé d'exil et de confiscation; une seconde le condamne à être brûlé vif, lui et ses adhérents.

C'est alors que le grand poète, ulcéré et découragé, se fait gibelin. Avec ses copartisans il essaie, en 1304, de rentrer dans sa patrie : sa tentative échoue. Dès lors il mène une vie errante. Un moment il vient à Paris, où il fréquente l'Université, et s'assoit sur les bancs de cette école de la rue du Fouarre dont il parle dans le *Paradis*. Rentré en Italie, il se fixe à Ravenne, où il meurt le 14 septembre 1321, à l'âge de cinquante-six ans.

Il y fut inhumé dans l'église des frères mineurs de Saint-François. Pour le soustraire à la haine féroce de ses ennemis, qui s'acharnaient même après son cadavre, il fallut le cacher dans le mur du temple, et c'est de nos jours seulement que le coup de pioche des démolisseurs a rendu par hasard à la lumière les ossements de l'illustre exilé.

Son œuvre maîtresse est, on le sait, la *Divine Comédie*, sorte de synthèse du moyen âge où se marient d'une façon grandiose le sacré et le profane. Politique, scolastique, inventions nouvelles, explication, selon l'esprit du XIIIe siècle, des phénomènes de la nature, tout s'y retrouve, avec le génie de la vengeance, cher aussi à l'époque. Bien des choses, bien des allusions et des symbolismes y demeurent pour nous lettre morte, et, du temps même de Dante, l'ouvrage avait besoin de commentaires pour être compris, tant la pensée y est concentrée. L'auteur de la *Divine Comédie* est le poète-sculpteur à la façon de Michel-Ange. Raphaël avait dit : « Je peindrai le ciel ! » Dante, lui, a peint à la fois le ciel et l'enfer.

Peu nous importent aujourd'hui les obscurités de ce poème étrange ; c'est le fond qu'il faut voir. Il se rattache à une pensée qui s'est fait jour à toutes les périodes de l'humanité, et dont le moyen âge surtout était obsédé. Seulement l'idée, jusque-là, était demeurée vague et trouble : ce fut Dante qui la dégagea, en la fixant dans une œuvre immortelle.

De tous temps il y avait eu une mythologie escortant l'homme par delà le cercueil, le suivant plus ou moins à tâtons à travers les ténèbres de l'autre monde, et essayant de renseigner les vivants sur le sort des morts. L'imagination des humains avait ainsi machiné peu à peu une sorte de théâtre surnaturel, plein de curiosité et de terreur, où se résolvait tant bien que mal l'énigme dernière de ce grand problème de la destinée dont la vie future forme l'épilogue.

Il y avait eu tout d'abord l'enfer de l'*Odyssée*, qui était, on peut le dire, l'enfance de l'art. Pour Homère, en effet, l'autre monde n'est pas très distinct du nôtre. Le poète ionien sait seulement qu'il est « bien loin, là-bas, sous les profonds abîmes de la terre ». Le sage Ulysse, son héros, y entre, on ne voit pas comment, en poursuivant l'ombre d'Ajax, et, quand il en sort, il se retrouve de plain-pied sur son navire. Dans ces prairies semées d'asphodèles où errent les fantômes de ceux qui ne sont plus, on retrouve encore comme un reflet de l'existence d'en haut; rien de net ni de précis. Ulysse essaie d'y embrasser l'ombre de sa mère; il y revoit ses compagnons de guerre, Agamemnon, le roi des rois, qu'a égorgé sa femme Clytemnestre, Achille lui-même, qui regrette la terre et s'écrie : « J'aimerais mieux être là-haut le valet d'un pauvre homme que de régner ici sur de vaines apparences » : parole profondément humaine, où se reflète l'amour intense de la vie, trait caractéristique de cette race grecque des premiers temps qui avait avant tout conscience de sa vigueur, qui se réjouissait de tendre ses muscles, d'aspirer l'air nourrissant, de contempler la voûte azurée du ciel. Ce regret du monde où l'on se meut en chair et en os apparaît d'une manière encore plus saisissante dans le mélancolique tableau de ces spectres indécis de guerriers qui ne cessent de ruminer en silence les souvenirs du passé. Pour les ranimer un instant, ces fantômes, il leur faut du sang tiède encore. Aussi Homère nous les montre-t-il se pressant avidement autour des victimes noires qu'Ulysse immole à leur intention. Quoi de plus grand et de plus poignant que cette image d'Achille, le vainqueur d'Hector, l'effroi des Troyens, pleurant amèrement la lumière perdue, et cette vision d'ombres muettes ressuscitant presque à l'odeur du sang?

L'enfer de Virgile est mieux défini déjà. Il renferme des compartiments séparés, distinction non faite par Homère. C'est qu'entre lui et le chantre de la guerre de Troie se place le grand philosophe Platon, avec lequel la division de l'idée commence d'apparaître. Il y a le Tartare, d'où l'on ne sort jamais, puis le lac Achérusiade, sorte d'idée première du Purgatoire, où les coupables expient à terme leurs crimes; et enfin ces purs séjours de délices où les âmes montent au-dessus de la terre, ébauche païenne du Paradis, que Platon déclare « peu facile à décrire ». Virgile, lui, en essaie la description ; mais combien pâles et ternes en sont les couleurs ! Ce n'est, à vrai dire, qu'une mesquine parodie de la vie réelle. Quant au Purgatoire, il n'existe toujours chez le poète latin qu'à l'état embryonnaire et confus ; on ne saisit qu'un vague acheminement vers l'idée dans la graduation des peines et des récompenses.

Après Virgile, au temps de Vespasien, Plutarque, dans son beau dialogue philosophique intitulé *Des délais de la justice divine*, reprend d'une manière plus précise la conception de l'*ultra-terrestre*. Il fait revenir un mort qui raconte en détail tout ce qu'il a vu dans l'autre monde. Quel luxe dans la description des supplices! Il y a des étangs de plomb liquide, des marais d'or bouillant où des démons, outillés comme des forgerons, saisissent avec des crocs les âmes des avares, les y plongent et replongent sans discontinuer. Il y a également la section où s'élabore la métempsycose : des ouvriers prennent l'âme de Néron, la découpent pour en faire une vipère, puis, se ravisant, en font un oiseau aquatique.

Un peu plus tard, au siècle de Trajan, Lucien nous raconte l'épopée tartaréenne de Ménippe, qui est introduit aux sinistres bords par un magicien. Grâce à la peau de lion dont il s'est affublé, l'intrus se donne à Caron pour Hercule. Là, entre autres personnages, on trouve Philippe, roi de Macédoine, en train de rapiéceter de vieux souliers, comme, quinze siècles après, dans Rabelais, son fils Alexandre le Grand s'occupera de raccommoder des chausses.

A Rome comme en Grèce, on le voit, chaque écrivain s'était cru obligé de narrer, en prose ou en vers, sa descente au royaume de Pluton. Dès l'aurore de la civilisation, le rêve de l'*au-delà* avait hanté l'esprit de l'homme; seulement, à force d'être ressassé, le thème avait fini par s'user; il n'y avait plus là qu'une source de contes dont riaient les vivants, une matière à parodie, un prétexte à peindre le « monde renversé », toujours fécond en effets comiques.

Avec le christianisme, tout change. Il se produit comme une « renaissance » de l'idée; d'autres horizons ultra-terrestres s'ouvrent aux regards de l'humanité. Au fond, ce n'est qu'une fusion opérée entre les légendes païennes et les conceptions de la foi nouvelle; mais la scène s'élargit de telle sorte que le regard s'y perd comme à l'infini. Il y a désormais, d'une manière bien formelle, un enfer annoncé aux coupables, un ciel réservé aux croyants, puis, bientôt, un tiers lieu intermédiaire, où l'on peut expier : c'est le purgatoire. Alors aussi, l'éternel problème obsédant de plus en plus les humains, les voyages imaginaires recommencent au sein de cet inconnu agrandi. Lisez plutôt la *Vie des saints* et les autres écrits du début.

On rapporte, par exemple, comment, au VIe siècle, trois moines orientaux, désireux de découvrir le point où le ciel et la terre étaient censés se toucher, autrement dit le Paradis terrestre, s'en vont aux Saints-Lieux, poussent toujours en avant, et, guidés par une colombe, arrivent, par des solitudes ténébreuses, à une haute colonne placée à l'extrémité du monde. Après quarante jours de marche, ils traversent l'Enfer, où ils voient, entre autres choses effrayantes, un grand lac de soufre plein de serpents; puis ils atteignent une région parfumée où coulent des ruisseaux de lait, où tout apparaît lumineux et revêtu d'un éclat cristallin; malheureusement, ils ne peuvent y entrer: l'accès en est gardé par un ange armé du glaive flamboyant.

Au moyen âge, où tous les esprits se complaisent aux visions de l'ordre surnaturel, cette fantasmagorie de l'autre monde se développe dans des proportions inouïes. De là ces innombrables récits, tels que la légende de Charles le Gros par exemple. Ce prince est enlevé par un être tout de blanc vêtu, qui lui met à la main un peloton lumineux dont il tient lui-même l'autre bout, et le transporte dans le Paradis. Là le roi des Francs retrouve son oncle Lothaire, qui lui dit : « Notre race est perdue; tu cesseras bientôt de régner ».

Aux approches de l'an 1000, ces préoccupations universelles prennent un caractère de plus en plus sérieux et profond; le soleil, il est vrai, continue de se lever au lendemain du jour redouté de la croyance populaire; mais le cycle légendaire auquel appartient la *Divine Comédie* ne cesse pas pour cela de s'étendre en se diversifiant à l'infini. Bientôt l'art s'empare de l'idée, la traduit et la commente à l'intérieur et sur les pierres des églises. Des peintures murales qui la reproduisaient dans cette période initiale, il ne reste plus que des lambeaux çà et là; en revanche, les peintures sur verre représentant le Paradis et l'Enfer abondent dans nos cathédrales, et la plupart datent du XIe siècle et de la fin du XIIe[1]. Les sculptures sont aussi très multipliées : le portail ouest d'Autun, celui de Moissac offrent avec des détails curieux toutes les formes du châtiment; citons également le portail de Notre-Dame de Paris, qui existait déjà

1. Voyez par exemple la rose occidentale de la cathédrale de Chartres.

à l'époque du voyage de Dante. Mais c'est surtout en Italie, à Pise, à Sienne et ailleurs, qu'abondent ces représentations plastiques de la *Divine Comédie* avant Dante.

Le poète florentin, de par son génie, reprit le thème, et le condensa. Son œuvre n'était pas encore composée, quoique le plan en fût tout mûri peut-être, quand arriva le fait suivant, que raconte Villani.

C'était en 1304. Un héraut publia dans les villes de Toscane que quiconque tenait à savoir des nouvelles de l'autre monde n'avait qu'à se rendre, le 1er mai, sur le pont *alla Carraja* (pont aux Chariots) ou sur les quais de l'Arno à Florence. Au jour indiqué, des barques surmontées d'échafaudages étaient préparées sur le fleuve. La représentation commença, et l'on vit bientôt l'enfer avec ses feux et ses supplices; démons et patients poussaient des cris lamentables : c'était le drame des *Ames damnées*. Tout à coup le pont de bois s'écroula avec fracas sous le poids de la foule, et nombre de spectateurs furent noyés. L'historien ajoute que « ce qui avait été annoncé par plaisanterie se changea en réalité; plusieurs allèrent savoir des nouvelles de l'autre monde ».

Dante était-il parmi les assistants? Il n'est pas défendu de le croire, et cet événement dut faire sur lui une profonde impression.

C'est Virgile, on le sait, qu'il a pris pour guide dans son *Enfer*; mais quelle différence entre l'Enfer virgilien et l'Enfer dantesque!

L'Enfer du poète florentin a la forme d'un entonnoir divisé en neuf cercles, dont la pointe est fixée au centre de la terre. A mesure qu'on descend, les cercles deviennent plus étroits et les tourments plus intenses. Des personnages antiques, beaucoup ont été conservés. Voici toujours Caron, l'horrible vieillard. Ce démon aux yeux de braise ardente, poussant à coups de rame les ombres trop lentes, Michel-Ange l'a reproduit fidèlement dans sa fresque du *Jugement dernier* de la chapelle Sixtine. Voici les Furies, les Harpies, le Minotaure, tout cela transformé, mêlé à un monde démoniaque nouveau que les siècles ont enfanté depuis Virgile. Dans le deuxième cercle, Minos juge toujours les pécheurs; mais ce n'est plus le personnage austère qui pèse les destinées, c'est un monstre hideux, grinçant des dents, indiquant aux damnés par le nombre des plis de sa queue le chiffre du cercle qui leur est assigné. Et Cerbère? combien il est déchu, lui aussi! Dans Virgile, Énée l'apaise par un gâteau de miel; Dante se contente de lui jeter une poignée de terre.

Dans la cathédrale de Florence se trouve une vieille peinture sur bois représentant l'auteur de la *Divine Comédie* vêtu d'une robe rouge et son livre ouvert à la main. Il est au pied des murs de la ville, dont les portes sont fermées sur lui; tout près de là bâille l'entrée des gouffres infernaux. Dante les montre de la main, et semble dire à ses ennemis : « Vous voyez la place dont dispose ma vengeance! » Plus haut s'élève la montagne du Purgatoire avec ses rampes circulaires, et, au sommet, l'Arbre de Vie du Paradis terrestre. Le Paradis terrestre, dans le poème, est le lieu le plus rapproché du céleste séjour. C'est là que Béatrice vient remplacer comme guide Virgile le païen; il faut en effet un personnage chrétien, symbolisant la Théologie, pour introduire le poète dans les cercles d'en haut; car c'est, ne l'oublions pas, d'après le système concentrique de planètes et d'astres, dont se composaient les cieux de Ptolémée, qu'est bâti tout l'édifice dantesque [1].

Dans l'antiquité, avant Pythagore, on avait cru que la Voie lactée était la route des âmes qui quittent le monde; dans la légende du moyen âge, ce « chemin de Saint-Jacques », comme on l'appelait, était aussi regardé comme la voie de l'éternité. Cette voie, Dante avait voulu la gravir, et depuis lors nul n'a recommencé, le bâton de la foi à la main [2].

Dans cette phase éthérée de son voyage il s'élève à la fois de planète en planète, de vertu en vertu, jusqu'au principe du mouvement universel; arrivé là, il touche à la plus haute manifestation de l'essence divine, et sa muse n'a plus rien à nous dire. Peut-être ici le mot de Platon, à propos du Séjour de délices : « Ce n'est pas un

1. Voyez une peinture du Campo Santo, de Pise, où Buffamalco a représenté, en alliant, comme Dante, l'idée chrétienne à la science antique, le *monde* de Ptolémée soutenu par les deux mains du Christ, dont la tête apparaît au-dessus du dernier cercle. Regardez ensuite, à Sainte-Marie-Nouvelle, de Florence, la fresque de Bernardo Orcagna qui reproduit toute la topographie de l'*Enfer* dantesque, avec la distribution minutieusement exacte du séjour des damnés. En face est peinte la gloire du Paradis.

2. Sainte Françoise Romaine, au XVe siècle, ne fait que copier les visionnaires antérieurs.

lieu facile à décrire », revient-il de lui-même à l'esprit du lecteur. Dans cette ascension paradisiaque, il semble que le souffle ait manqué au poète. L'*Enfer*, imagerie sombre et terrible, que tempère seul le gracieux épisode de Francesca de Rimini, nous saisit comme le déploiement justicier d'un tribunal souverain et vengeur; c'est la revanche du *chien* sur le loup[1], la protestation consolatrice du faible et du malheureux contre la méchanceté triomphante. Dans le Purgatoire, les couleurs sont plus douces; néanmoins l'expression épique vibre encore; mais, dès qu'on entre dans le Paradis, l'intérêt décroît d'une manière sensible; le style lui-même prend quelque chose d'éthéré. L'appareil de symbolisme, les discussions théologiques usurpent la place de la mise en scène et du drame, et, en Italie même, cette partie du poème fut toujours peu goûtée : tant il est vrai que l'imagination de l'homme, si féconde et si ingénieuse quand il entreprend de peindre la souffrance, demeure comme frappée de stérilité dès qu'il essaye de retracer ce qu'il entend par le mot abstrait de félicité! Peut-être ce mystérieux désaccord, cette bizarre inégalité de moyens, viennent-ils simplement de ce que, de tout temps, il a eu occasion de vider jusqu'au fond la coupe amère de l'infortune, tandis que la joie sans mélange est restée un nectar ignoré de ses lèvres.

IV

La *Divine Comédie* fut, pour ainsi dire, l'acte de naissance, magnifiquement libellé, de la prose italienne; par elle se trouvait créé de toutes pièces ce beau dialecte qui était digne de devenir la langue littéraire de la péninsule et de dominer tous les patois du pays. Dante n'était pas toutefois le premier Toscan qui eût mis fin au règne exclusif du latin, en employant dans ses écrits le parler vulgaire, *volgare eloquio*, qui avait cours dans la rue et dans la boutique. Avant lui ou en même temps que lui, Guido Calvacanti,

1. Dans le langage symbolique de Dante, les Gibelins sont toujours représentés par des chiens, les Guelfes, par des loups.

un autre Gibelin ardent, Cino de Pistoie, le poète jurisconsulte auquel Dante lui-même rend hommage, Fra Guittone et d'autres encore, avaient émancipé en vers l'idiome national, comme Dino Compagni et les trois Villani lui avaient livré le champ historique.

Cette glorieuse Renaissance fut bientôt complétée par les noms immortels de Pétrarque et de Boccace. Le premier naquit en 1304,

PÉTRARQUE.

à Arrezzo, où avait dû se réfugier son père, banni, lui aussi, de Florence; mais, dès l'âge de sept ans, il fut amené en France, et l'on sait que sa jeunesse s'écoula aux environs de la ville d'Avignon. C'est là qu'il rencontra Laure de Noves, chantée par lui dans ses *Canzoni*[1]. Pétrarque ne fit point, comme Dante, l'épreuve du

1. Ces *Canzoni*, qui ont fait sa gloire, ne forment pourtant que quatre-vingts pages à la suite de l'immense in-folio où ont été recueillies ses œuvres, traités philosophiques et politiques, épîtres, poèmes épiques.

malheur. Dès ses premiers vers il se vit l'objet de la considération la plus flatteuse. Les princes et les savants le recherchaient; la famille des Colonna se lia d'amitié avec lui; les papes d'Avignon (c'était au moment du grand schisme) essayèrent de se l'attacher par des honneurs; le roi de Naples, Robert, le jugea digne du triomphe; notre roi Jean lui envoya message sur message pour l'attirer à sa cour, et l'Université de Paris lui décerna la couronne poétique le jour même où il la recevait à Rome. Chargé de diverses missions diplomatiques — car le fils de l'archiviste exilé avait obtenu ensuite des lettres de réhabilitation, — il voyagea en France, en Italie, en Allemagne, dans les Pays-Bas, également bien accueilli des écrivains et des puissants, quoiqu'il fût l'ennemi ardent de toute tyrannie et qu'il eût applaudi à Rienzi.

Boccace, né à Paris en 1313, était fils naturel d'un marchand florentin et passa sa jeunesse à Florence. Destiné au commerce, il ne rêve que d'art et de poésie. A sept ans il rime des fables. A vingt ans, sa vocation littéraire paraissant décidée, son père lui permet de la suivre, mais en exigeant qu'il étudie le droit. Il s'applique dès lors à l'étude des anciens, et, plein d'enthousiasme pour Pétrarque, qui venait d'être couronné, il se lie intimement avec lui. Tous deux travaillent à exhumer de l'oubli les précieux restes de l'antiquité, font venir des manuscrits grecs et les transcrivent de leur propre main. Boccace avait commencé par s'essayer dans l'épopée : la lecture de la *Divine Comédie* le décourage. Il se tourne alors vers la poésie lyrique; puis, après avoir lu les sonnets de Pétrarque, il brûle les siens, et rompt définitivement avec la Muse : à cette rupture, l'Italie gagna un grand prosateur.

Le chef-d'œuvre de Boccace, c'est, on le sait, le recueil de nouvelles qui a pour titre le *Décaméron*. Il le composa en s'amusant, dans les circonstances que j'ai déjà mentionnées. C'était à l'époque de la terrible peste de 1348. Sept jeunes dames se rencontrent dans une église de Florence, et l'une d'elles propose de se retirer à la campagne, en compagnie de trois jeunes gens, pour y fuir la contagion et y jouir d'une douce liberté. Là, dans les plaisirs de la danse, du chant, de la bonne chère, on oublie l'épouvantable fléau qui désole la ville, et l'on convient que, dix jours durant, chacun des dix convives contera une histoire nouvelle : de là ce nom de

Décaméron[1]. Au bout du terme convenu, le cent de récits se trouve complété.

L'idée certes n'était pas neuve : un roman indien, qui venait de pénétrer en Occident sous le titre de *Dolopathos, ou le Roi et les Sept Sages*, reposait sur la même donnée, et c'était aussi celle des *Mille et une Nuits*. Il n'y a guère non plus d'originalité dans les histoires mêmes, que Boccace, comme fera plus tard La Fontaine, emprunte en partie aux anciens fabliaux ; mais ce qui lui appartient en propre, c'est — abstraction faite du côté licencieux — la grâce exquise de la narration, la pureté du style et l'art ingénieux de la mise en scène : par lui, la prose italienne se trouvait désormais élevée à la hauteur de la poésie.

V

Sans récrire ici une histoire de la littérature en Toscane, peut-être est-il bon de rappeler d'un mot la période d'érudition fervente qui suivit le triple enfantement de Dante, Pétrarque et Boccace. L'Italie, au XVIe siècle, se remet avec une sorte de fureur à l'étude des anciens ; c'est le mouvement classique dont la chute de Constantinople a donné le signal en Europe. La prose nationale se réfugie dans la prédication évangélique et dans la harangue politique ; mais, là encore, elle est débordée par la langue de Cicéron. Le seul grand nom à citer est celui du moine fanatique Savonarole, à la voix duquel la populace de Florence brûle les écrits de Dante, de Pétrarque et de Boccace. Toute la prédilection des esprits est pour l'antiquité renaissante. Le Florentin Niccoli se ruine pour réunir un fonds de bibliothèque ; le Panormita vend ses terres pour acheter un Tite-Live ; Nicolas V, qui, avant d'être pape, a copié des manuscrits pour Cosme de Médicis, continue d'en faire copier pour lui-même, une fois sur le trône pontifical. C'est aussi par les lettres classiques qu'Æneas Sylvius Piccolomini arrive à la tiare. C'est le temps où Érasme, ami à la fois de Luther et de Léon X, veut faire

1. En grec, δέκα, dix, et ἡμέρα, jours.

de la langue latine l'idiome universel de l'Europe. Tout entiers à l'adoration de la forme, les érudits italiens mettent une sorte d'orgueil national à écrire comme on le faisait à l'époque d'Auguste. Quelques-uns, plus exclusifs encore, rejettent toute expression, toute tournure qui n'est pas de Cicéron; c'est pourquoi on les nomme les *Cicéroniens*. « L'italien n'est pas une langue, disait un de ces dilettanti, et mérite tout au plus d'être abandonné comme patois aux gens de la classe infime. »

Heureusement que d'autres cicéroniens, Bembo et Ange Politien entre autres, ne poussent pas aussi loin le dédain pour l'idiome de Dante et de Boccace; ils contribuent à le remettre en honneur, en le dégageant des formes latines; ils travaillent à en établir la grammaire et à en fixer l'orthographe. L'esprit de purisme, il est vrai, n'abdique pas; il change tout bonnement d'objectif.

De la question même du langage national naît une querelle philologique, à laquelle la publication de la *Jérusalem délivrée* du Tasse vient donner tout de suite une vive acuité. A ce propos, entre en scène la fameuse Académie de la *Crusca*.

Quelle était l'origine de cette société?

Dès 1540 quelques jeunes gens instruits avaient pris l'habitude de s'assembler dans la maison du Florentin Mazzuoli pour s'y entretenir de littérature. Cette réunion s'appela d'abord l'Académie des Humides; chaque membre y prit le nom d'un être ou d'un objet humide : il y eut le Dard (sorte de Carpe), le Ver de terre, le Scorpion, l'Égout. Plus tard, Cosme de Médicis s'en étant fait le protecteur, ce cénacle tint ses séances au Palais-Vieux, où le prince habitait. En 1582 l'Académie est constituée définitivement, et adopte dès lors le nom de *Crusca*, mot italien qui signifie « son ».

Sa tâche première, en effet, était de séparer le bon grain de l'ivraie. En 1585 elle devient militante, et l'un de ses membres, Léon Salviati, dit l'*Enfariné* (la nature des surnoms s'était modifiée avec le sens du nouvel emblème[1]), lance une critique acerbe contre

1. Les surnoms étaient dorénavant empruntés à la meunerie ou à la boulangerie (le pétrin, le pain bis, etc.). Ajoutons qu'en 1641 Léopold de Médicis, membre et protecteur de la société, y introduisit l'usage de se servir de sièges en forme de hotte renversée, ayant pour dossier une pelle à remuer le grain. La plupart de ces fauteuils académiques existent encore.

le poème précité du Tasse, dont le style et les images étaient déclarés pécher par un excès de coloris et d'audace. De là une lutte à outrance entre les deux partis littéraires : d'un côté les panégyristes, de l'autre les détracteurs du poète de Sorrente.

En 1586 l'Académie rédige ses statuts, et, l'année suivante, elle se réunit chez Dati, son premier archiconsul. Là se firent les fameuses harangues dites *cicalati*, sans doute parce que l'orateur, par son débit monotone, rappelait le chant de la cigale. Les sujets à l'ordre du jour étaient parfois des plus ridicules : on louait par exemple, le premier août, la salade, le concombre; une autre fois, on recherchait lequel était antérieur, de l'œuf ou de la poule[1]. La devise de la société était celle-ci : « *Il piu bel fiore ne coglie* (Le blutoir en recueille la plus fine fleur) ».

Après la grammaire, le vocabulaire fut décidé. La première édition de ce dictionnaire toscan parut en 1612, à Venise, avec toutes les expressions artistiques et techniques les plus bizarres du XIIIe siècle; les modernes en revanche étaient rejetées : c'était une épuration implacable. Dante, Pétrarque et Boccace furent reconnus de bonne mouture; le Tasse, au contraire, je l'ai dit, fut censuré et écarté. On avertissait charitablement les gens que le tamis ni la meule n'y pouvaient rien, et qu'il n'y avait pas lieu d'admettre son œuvre au grenier des saines récoltes. Vainement le poète, qui, du fond de sa prison, s'était mêlé activement à la querelle, avait-il essayé de démontrer l'injustice de cet ostracisme : l'arrêt de la *Crusca* eut force de loi, et le Tasse dut se tenir pour battu.

Cette omnipotence littéraire souleva néanmoins des protestations. A Padoue, ville qui était le centre de l'opposition, l'Académie florentine se vit parodiée, et l'on fit paraître l'*Anti-Crusca*, réquisitoire furieux contre Boccace et le vieux langage rude et informe. Aussi le dictionnaire fut-il réformé dans les éditions ultérieures. Dans les rangs même des *Cruscantes*, une scission s'était déclarée : un membre, Gigli, de Sienne, irrité qu'on eût rejeté les locutions de sa province, fulmina contre cette tyrannie.

Il déclara intolérable la prétention des Florentins d'être, comme on le disait, « seuls à pétrir la miche, en ne voulant faire entrer

1. Il y avait, et il y a encore, à Florence, un grand nombre d'Académies : les Altérés, les Gelés, les Éveillés, les Oisifs, etc.

dans la pâte que la farine provenant du Mercato Vecchio », et il revendiqua les droits de son pays en divulguant le riche langage des écrits de sainte Catherine de Sienne. Il entreprit même la publication d'un *Vocabolario cateriniano*; mais les sarcasmes offensants qu'il se permit à l'égard de la puissante Académie amenèrent son expulsion, et un ordre du grand-duc défendit de continuer l'impression du *Dictionnaire cathérinien*, lequel fut brûlé par la main du bourreau.

Son initiative, nonobstant, trouva de l'écho dans la péninsule, désireuse de secouer le joug de la *Crusca*. Quarante-quatre académies italiennes embrassèrent la cause de Gigli, et formèrent une croisade littéraire. Ce mouvement provenait de l'influence nouvelle de l'esprit philosophique et de la lecture des écrivains français, proposés alors comme modèles. Seulement, comme toujours, la réaction dépassa la mesure à son tour, et eut pour effet d'introduire dans la langue une multitude de gallicismes et de formes barbares. Néanmoins la *Crusca* se vit forcée de faire des concessions.

Des écrivains éminents, tels que Cesarotti le Padouan, soutinrent que le langage d'un peuple ne se fige pas dans le moule étroit d'une époque et d'un lieu, qu'il suit l'évolution de la pensée, doit changer et se développer avec le temps et le mouvement social.

En Italie le problème de classement était plus embarrassant que chez nous, à cause de la multiplicité des dialectes et des sous-dialectes. Aujourd'hui encore, les divers patois de la péninsule sont loin d'être réduits à l'état d'idiomes morts; ce sont eux qui défraient presque partout le théâtre et la littérature populaires, et ce n'est pas là, soit dit en passant, un médiocre embarras pour le voyageur qui n'a puisé qu'à une source épurée et unique les connaissances linguistiques dont il se sert au delà des monts.

Perticari, en notre siècle, a partagé les poètes italiens en deux classes : les Toscans et les non-Toscans. Les premiers, dit-il, n'ont eu à leur service que le parler de leurs nourrices, de leurs servantes, des places de marché, et se sont créés leur *lingua illustre* en épluchant, émondant et triant leur propre langue maternelle. Dante, par exemple, *florentinise*, et Cino *pistoïse*. Les autres écrivent un jargon barbare.

Aujourd'hui cependant la fusion se prépare; un mouvement se fait en Italie pour achever le plus vite possible l'unification politique par celle du langage. Il existe un *Vocabolario della lingua parlata*. L'Académie de la Crusca a beaucoup perdu de son ancienne raideur; elle livre place dans son dictionnaire aux mots et aux locutions modernes, et paraît se renfermer avant tout dans son rôle rationnel et sérieux, celui de fidèle rapporteur et de conservateur de la langue. Ai-je dit que la docte compagnie siège présentement au couvent de San Marco?

CHAPITRE VI

Sur les hauteurs de Fiésole. — Une ancienne villa des Médicis. — A travers la vallée de l'Ombrone. — La ville de Prato. — Pistoie ; son passé, ses monuments, ses palais. — Le défilé de Serravalle. — Monte Catini et Altopascio. — Le lac de Bientina.

I

Pour mettre de l'ordre dans nos excursions, visitons d'abord la partie de la Toscane qui s'étend au nord de l'Arno.

A six kilomètres de Florence, en sortant par la porte San Gallo, se trouve Fiésole, qui fut, sous le nom de *Fesulæ*, le centre le plus important de la contrée au temps des Romains. Les Fésulans étaient, paraît-il, renommés alors comme augures. Des restes de murs étrusques, construits au moyen de la pierre dure et résistante (*pietra serena*) que fournit la région, attestent encore l'antiquité de la ville. Ce fut dans les défilés voisins que Stilicon, en 406, défit Radagaise et les 200 000 Barbares qui venaient de saccager Florence.

Un essaim de riantes villas couvre les pentes des hauteurs où se dresse le spectre de la vieille cité, et d'où l'on a une vue sans pareille sur la riche plaine de l'Arno et sur tout le relief des montagnes jusqu'aux cimes lointaines de Massa-Carrara. Le touriste qui vient de Florence gravit, au milieu des jardins, entre des haies parfumées d'églantiers, ce gradin d'approche de la chaîne apennine, et, sur une terrasse inclinée, se présente bientôt à ses regards une abbaye de Franciscains bâtie par Brunelleschi : c'est la *badia* où frère Angélique résida durant quinze années, et qui abrita ensuite Politien et Pic de la Mirandole. D'autres hôtes, plus bruyants, y logèrent également,

FIÉSOLE.

car c'est dans ses murs qu'en 1529 les troupes espagnoles de Charles-Quint établirent leur quartier général.

Supprimée en 1778 comme couvent, la *badia* devint la résidence d'été de l'archevêque de Florence; plus tard s'y installa la célèbre

LA BADIA DE FIÉSOLE.

imprimerie de P. Inghirami; après quoi elle se vit rendue à sa destination primitive.

De cette terrasse, une rampe en lacet qui se déroule entre les rochers et les bouquets de bois, en ménageant à l'œil des surprises d'optique de toute sorte, mène à un vaste quadrilatère au sol inégal, d'où l'on a également de splendides échappées de vue sur Florence : c'est la grande place de Fiésole. Quelle juxtaposition singulière d'édifices imposants et de masures ! Quel pêle-mêle de chariots rustiques et de fastueux équipages, de mendiants déguenillés et de touristes à la toilette fashionable ! Au fond de la place s'élève un séminaire, plus loin, un palais épiscopal, puis, en retour et un peu en contre-bas, une cathédrale du XIe siècle, en forme de basilique, dont le campanile à créneaux se profile pittoresquement entre les deux montagnes qui encadrent la ville. A la suite viennent un café, une

SUR LA GRANDE PLACE DE FIÉSOLE.

droguerie, une *trattoria*, une boutique de coiffeur et une salle d'asile. Au point le plus renflé du sol est le palais de justice, puis une autre église, et enfin, sur le quatrième côté, celui qui regarde Florence, se dresse le théâtre. Une demi-douzaine de rues irrégulières partant de cette *piazza* chaotique complètent l'aspect général de Fiésole.

Tout près de là, en obliquant vers la route de voitures de Pietramala, il existe encore une résidence princière, qu'on aurait tort de ne pas visiter ; c'est Pratolino, la villa où le grand-duc François Ier vécut avec Bianca Capello. J'ai dit que celle-ci, une véritable « Vénus de

PARC DE PRATOLINO : STATUE DE L'APENNIN.

Titien », finit par devenir grande-duchesse de Toscane; en revanche, la fille du grand-duc François devint reine de France sous le nom de Marie de Médicis. Le palais qu'habitait la belle châtelaine aux

PORTRAIT DE BIANCA CAPELLO.

cheveux d'or a été démoli, et, de toutes ses merveilles d'hydraulique, le parc n'a conservé que sa colossale statue de l'Apennin — vingt mètres de hauteur, s'il vous plaît, — sculptée sous la direction de Jean Bologne.

Et maintenant, en route pour Lucques.

II

De Florence à cette ville il n'y a guère qu'une vingtaine de lieues, soit un trajet de trois heures et demie environ à travers une admirable contrée. Deux localités, remarquables à divers titres, jalonnent le chemin : Prato et Pistoie.

Prato n'est pas seulement importante par le chiffre de sa population (près de 50000 âmes), par son heureuse situation au point le plus large de la vallée de l'Ombrone, et par sa richesse en usines métallurgiques; elle l'est par d'autres raisons encore. En Toscane, chaque cité à peu près a joué un rôle à cette époque de vie *municipale* et *particulariste* qui forme, on l'a vu, le fond de l'histoire du pays. Dans la moindre ville, les citoyens ont tenu, au prix des plus grands sacrifices, à édifier un palais communal et un dôme sur lesquels le regard puisse se reposer avec complaisance. Prato était trop près de la capitale (18 kilomètres) pour avoir son mouvement politique à part; ce n'était qu'une sorte d'avant-poste de Florence, un lieu de villégiature où les artistes florentins aimaient volontiers à se réfugier : ce qui ne l'empêche pas d'avoir son cachet architectural à elle.

Sur une place dont les vieilles maisons aux toits surplombants ont gardé le caractère du XVIe siècle s'élève, exhaussée encore par une vaste plate-forme à triples gradins, une cathédrale dont voici l'origine. Depuis 1130 on conservait dans la ville une relique sacrée, rapportée de Palestine par un croisé: c'était une ceinture qu'on disait être celle que la Vierge avait laissée à saint Thomas. En 1318 on essaya de la dérober, si bien que le conseil municipal se résolut à construire un sanctuaire tout exprès pour elle. Trois grands artistes, Jean de Pise, Donatello et Michelozzo, travaillèrent à l'édifice nouveau, bâti avec ce superbe silicate de magnésie veiné de vert (*verde di Prato*) qu'on appelle serpentine, et que fournit une montagne voisine, le Monteferrato.

Quant au palais communal, qui se dresse au centre de la ville, c'est un massif édifice percé de fenêtres ogivales, et renfermant un petit musée où l'on voit des tableaux de Filippo Lippi, le même qui a fait les fresques du dôme où figure la légende de saint Étienne, patron de la cité.

De Prato à Pistoie, la voie ferrée longe une ligne de montagnes, où l'on n'aperçoit qu'éboulis de pierres grisâtres. Nulle végétation, rien qu'une vallée aride et sans eau. Il y a quatre siècles pourtant, cette partie de l'Apennin possédait encore de superbes forêts de chênes, de hêtres, de sapins, où les Médicis chassaient, entre autre

CATHÉDRALE DE PRATO.

gibier à plume, le faisan noir des Alpes, aujourd'hui disparu du pays. Les condottières, les bûcherons et les chevriers ont rasé à l'envi ces futaies, et ici, comme partout, le déboisement a engendré la stérilité. Sur les pentes dénudées, les eaux dites *sauvages* se sont précipitées furieusement, emportant tout sur leur passage, submergeant les cultures d'en bas, et donnant naissance à des marécages d'où sortait la fièvre.

Trois inondations surtout, celles de 1547, de 1743 et, plus près de nous, de 1844, ont laissé des souvenirs terribles. Quand le mal fut à son comble, on s'occupa enfin du remède. Ce fut un labeur gigantesque, aggravé de frais énormes. On se débarrassa d'abord des eaux stagnantes d'où la *malaria* s'exhalait, puis on emprisonna les courants fluviaux entre de hautes digues qu'il fallut surélever au fur et à mesure que les alluvions descendues des montagnes exhaussaient elles-mêmes le lit des cours d'eau. Aussi, quand on va aujourd'hui de Pistoie à Florence, remarque-t-on que les rivières coulent là, comme en Lombardie, à cinq ou six mètres au-dessus de la plaine. Les ponts qui doivent les franchir préparent de loin leur effort d'enjambement. Le *railway* lui-même ne chemine qu'au sommet d'un remblai. Qui en a le profit? c'est le touriste, dont le regard n'en domine que mieux le paysage et les monts d'arrière-plan.

Bientôt, par-dessus des alignements de mûriers à tête ronde, auxquels s'entrelacent les sarments de la vigne, on discerne un charmant campanile : c'est le clocher de la cathédrale de Pistoie.

Nous connaissons déjà cette cité, en tant que point d'arrivée du chemin de fer de Bologne, dont nous pouvons voir d'ici même les capricieux et hardis lacets se dérouler au flanc du mont Piteccio. Le meilleur de sa fortune actuelle tient même à ce *railway* commercial dont elle est le débouché de plus en plus animé et prospère, car de son importance passée il ne lui reste que le souvenir.

Tout à Pistoie et aux alentours évoque des pensées de guerre civile.

C'est dans les montagnes qui sont là au nord, que Catilina, en 61 avant Jésus-Christ, livra le combat désespéré où il périt. Il y a encore dans la ville une rue qui porte le nom du farouche sicaire de Sylla, et l'on explique même l'humeur bouillante de la population pistoïenne en disant qu'elle descend des soldats de Catilina. Ce qu'il y a de certain, c'est qu'au moyen âge les luttes intestines y eurent un tel caractère de violence, que Dante n'hésite pas à appeler Pistoie une « tanière de bêtes fauves ». C'est dans ses murs que prirent naissance ces factions des Noirs et des Blancs, dont la querelle compliqua d'une manière si terrible le duel des Gibelins et des Guelfes, et dont Florence eut tant à pâtir.

Les Cancellieri, en ce temps-là, étaient la maison la plus puissante de la ville ; tous les membres en étaient Guelfes et unis, quand une dispute de cabaret vint la scinder en deux camps irréconciliables.

PISTOIE, VU DE L'APENNIN.

C'était en 1297. Quelques gentilshommes de cette famille jouaient ensemble dans une taverne ; un d'eux en insulte un autre et le blesse. Celui-ci se met en embuscade et frappe à son tour le frère de celui qui l'avait offensé. Une nouvelle représaille terrible suit cette première *vendetta* : le jeune homme qui a commencé l'agression est saisi par ses adversaires ; on lui tranche la main sur une mangeoire de cheval, et on le renvoie ainsi mutilé à son père. Dès lors, entre les deux branches ennemies, s'entame une lutte sans merci ni trêve, une série ininterrompue d'attentats et d'embuscades effroyables.

Une des deux factions ayant pris le nom de *Blancs*, en souvenir d'une aïeule appelée Blanche, l'autre adopte celui de *Noirs*. Diverses familles se déclarent pour ou contre, et bientôt toute la noblesse de la ville se trouve activement mêlée à la querelle. On se guette tout le jour dans les donjons, on se poignarde dans les carrefours, on s'incendie pendant la nuit, au grand effroi des marchands, qui verrouillent leurs volets et n'osent se montrer. Enfin, au bout de cent ans, les bourgeois de Pistoie en eurent assez, et, s'avisant d'un moyen par lequel ils eussent dû commencer, ils s'organisèrent en commune, et tinrent tête à la meute aristocratique. J'ai dit comment les Florentins, appelés comme arbitres, se prirent eux-mêmes au fatal engrenage, et ce qu'il en coûta à la république. Quant aux Pistoïens, enragés de tout temps d'autonomie et de liberté, ils ne trouvèrent, au bout de leurs discussions, que la tyrannie des Médicis : grave déconvenue pour une cité qui avait commencé par marquer son mépris pour Florence, en plaçant sur sa tour de Carmignano deux bras de marbre « faisant la nique » à la ville métropole de l'Arno !

Antérieurement à cette ère de troubles, la cité de l'Ombrone s'était, elle aussi, enrichie par le commerce, l'industrie et la banque : le culte des lettres, le goût des sciences et l'amour de l'art y avaient fleuri également.

Une courte promenade à travers ses rues et ses monuments nous montrera quelle place elle conserve dans l'histoire de la civilisation en Toscane.

III

Le centre politique de la ville, c'est la place où sont réunis les trois édifices qui, au moyen âge, étaient les grands foyers de vie publique : la cathédrale, le palais communal et le palais du prétoire.

La cathédrale, plusieurs fois restaurée, date primitivement du ve siècle ; à l'intérieur se trouve, comme de juste, le monument du poète-juriste Cino, dont j'ai déjà entretenu le lecteur. Le Campanile a été, dit-on, renouvelé par Jean de Pise. Quant au Baptistère, qui s'élève en face du Dôme et complète le décor de la place avec le vieux palais des évêques, c'est une charmante construction octogone, à assises de marbre blanc et noir, où les formes sévères du style roman se marient aux élancements du gothique. Ce n'est pas toutefois dans la cathédrale ni dans ses annexes qu'il faut chercher les plus belles œuvres d'art. C'est dans les autres églises, Saint-Barthélemy, Saint-André, par exemple. La première, située dans le bas de la ville, près d'une ancienne porte aujourd'hui murée, possède une chaire du XIIIe siècle, sculptée par l'artiste lombard Guido de Côme, qui est un travail d'une pureté et d'une élégance extrêmement remarquables. Dans la seconde s'offre à nous une magnifique chaire encore : celle-là est de ce même Jean de Pise qui a, de son ciseau magistral, découpé dans sa ville natale les ouvrages que nous admirerons bientôt.

Le palais du prétoire (*Palazzo pretorio*), ex-résidence du podestat, est un édifice du XIIIe siècle, avec une belle cour décorée de fresques figurant les emblèmes et les armoiries des divers gouvernants. Vis-à-vis de lui s'élève le palais communal, bâti en 1295, et dont la façade présente un échantillon accompli du gothique italien. La tête en marbre noir placée comme au pilori près de la fenêtre du milieu serait, selon la tradition, celle du traître Filippo Tedici qui livra Pistoie (1322) au capitaine lucquois Castruccio Castracani.

A deux pas de la place du Dôme est le grandiose hôpital del Ceppo, fondé en l'an 1218. Les établissements de ce genre étaient fort nécessaires en ce temps-là, où, trop souvent, aux maux de la guerre se joignaient la famine, la peste, la petite vérole noire. La liberté du commerce des grains n'existait pas encore en Toscane, et, sitôt que la récolte faisait défaut, les pauvres souffraient et mouraient par milliers. La mauvaise hygiène et la malpropreté engendraient d'ailleurs des maladies, surtout dans les villes, ou favorisaient le développement de celles qu'apportaient les navires venant d'Orient. La charité suppléait de son mieux à la science pour combattre les épidémies. Les citoyens de toute classe s'organisaient en confréries,

PALAIS COMMUNAL A PISTOIE.

allaient nuit et jour soigner les malades, les recueillaient au besoin ou les transportaient dans les hôpitaux. Tous ceux qui ont visité l'Italie ont eu occasion de se trouver face à face avec une sorte de fantôme revêtu d'une robe en coutil bleu tombant jusqu'aux pieds, les reins ceints d'une grosse corde, et le visage caché par un énorme masque également bleu, percé de deux trous à la place des yeux. Ce lugubre personnage est un frère de la Miséricorde, un de ces quêteurs volontaires, d'illustre maison très souvent, qui s'en vont, de rue en rue, présentant leur sébile aux passants en murmurant d'une voix dolente : « *Per i poveri incarcerati!* (Pour les pauvres prisonniers s'il vous plaît!) »

Pour en revenir à Pistoie, la petite ville, dès le moyen âge, ne possédait pas moins de cinq hôpitaux, tous fondés par souscription publique ou par la piété des plus grandes familles. Un évêque, Andrea Franchi, donna sa fortune et son palais même pour les malheureux, et c'est, dit-on, pour perpétuer sous une forme artistique et grandiose le souvenir des bienfaits de ce prélat que les Pistoïens firent exécuter à la frise de l'hôpital del Ceppo les bas-reliefs que l'on y admire.

Ici reparaît le grand artiste, contemporain de Ghiberti et de Donatello, dont j'ai déjà cité le nom plus haut : c'est ce Luca della Robbia, qui a laissé, outre des sculptures, chefs-d'œuvre de grâce et de pureté naïve, de si beaux ouvrages en terre cuite vernissée. Né à Florence en 1388, il avait, comme tant d'autres, fait son apprentissage dans l'atelier d'un orfèvre, ciselant des reliquaires et des tabernacles, modelant des figurines de cire, « les pieds dans un panier plein de copeaux, l'hiver, et en oubliant le boire et le manger ». A seize ans, sa réputation était faite ; Sigismond Malatesta, seigneur de Rimini, le chargeait d'exécuter un des bas-reliefs du mausolée destiné à sa femme ; bientôt après, à Florence, Luca travaillait aux sculptures du campanile de Notre-Dame-de-la-Fleur, puis, dans le Dôme même, à la porte de bronze de la sacristie. Mais son principal titre de gloire, c'est d'avoir inventé le procédé nouveau de décoration auquel son nom demeure attaché.

Le marbre est une matière coûteuse, la fresque n'est pas solide ; l'argile, elle aussi, sous l'influence des intempéries, laisse s'altérer les empreintes modelées par la main de l'artiste ; mais peut-être existait-il un moyen de parer à ce dernier péril : ce moyen, Luca della Robbia le trouva. Au prix de quelles difficultés, de quelle persévérance et de quelles fatigues résolut-il ce problème technique? on l'ignore. Il ne nous a pas, comme Bernard Palissy, livré le secret de son travail, raconté en détail la cuisson de ses pièces, les phases par lesquelles passa l'incrustation délicate et diaphane chargée de conserver la fleur de son art. On ne sait rien non plus de l'origine même de sa découverte. Peut-être l'idée lui en fut-elle suggérée par la vue d'une de ces statuettes en terre cuite que les Étrusques,

PISTOIE : FAÇADE DE L'HÔPITAL DEL CEPPO.

experts en chimie, revêtaient d'une composition transparente. Toujours est-il que ses émaux sont, les uns blancs, les autres colorés.

UN FRÈRE DE LA MISÉRICORDE.

Les fonds de paysage offrent des arbres verts sur une terre jaunâtre; les vêtements des personnages sont généralement bleu foncé ou bleu gris; leurs visages sont marqués d'une légère teinte uniforme, sur laquelle tranche seulement la ligne noire des sourcils.

Ces exquises créations furent tout de suite, en Italie comme à l'étranger, l'objet d'une vogue extraordinaire; l'artiste ne pouvait suffire aux commandes que lui faisaient les marchands; chaque ville voulait pour ses édifices des bas-reliefs de Luca, et c'est ainsi que furent exécutées, pour l'hôpital du Ceppo à Pistoie, la série de terres cuites émaillées, représentant la Visitation, la Vérité, l'Espérance, la Justice, et les sept œuvres de Miséricorde[1], qui s'allonge en entablement au-dessus des arcades. Il est très probable toutefois que si Luca a conçu le plan et fait le dessin d'une partie de ces ornements, l'ensemble de la composition est l'œuvre de son neveu Andrea, que, dans les dernières années de sa vie, il avait associé à ses travaux, et qui, durant cinquante ans, ne cessa pas de manier l'ébauchoir. Lui et ses quatre fils multiplièrent, pour les églises et les couvents de la Toscane, ces fines et charmantes sculptures, au vernis translucide et brillant, dont la famille des della Robbia semble avoir emporté le secret dans sa tombe.

Pistoie possède nombre de palais historiques: tels celui des Cancellieri, rebâti au XVIe siècle à l'endroit même où les Vanni tranchèrent la main du jeune homme leur parent; celui des Panciatichi, une maison rivale de la précédente, et le palais des princes Rospigliosi, qui renferme un petit musée remarquable. En cheminant au hasard dans les rues de la cité, on se heurte, pour ainsi dire à chaque pas, contre un énorme écusson sculpté au-dessus d'une porte massive et portant le nom des anciens propriétaires du logis.

Beaucoup de ces vieilles familles aujourd'hui sont éteintes; d'autres ont déserté leurs demeures patrimoniales pour s'en aller vivre à Florence. De paisibles ménages bourgeois ou de modestes artisans sont installés dans les antiques salles habitées jadis par les fiers et ombrageux patriciens qui se faisaient suivre au dehors de cavaliers chaussés d'éperons d'or; et aux mêmes fenêtres où s'étalaient, dans les jours de fête ou de procession, de somptueux tapis

1. Savoir: vêtir ceux qui sont nus, nourrir ceux qui ont faim, donner à boire à ceux qui ont soif, accueillir les pèlerins, visiter les prisonniers, soigner les malades, ensevelir les morts.

brodés d'or, pendent à présent, sans souci de la légende, des loques

LA VISITATION. (BAS-RELIEF DE LUCA DELLA ROBBIA.)

effiloquées et sordides. Somme toute, je pense, le Pistoïen ne regrette guère l'âge sanglant où le fracas incessant des armes et le tumulte des luttes civiles pouvaient faire tressaillir d'aise, sous le pavé

L'ESPÉRANCE. (BAS-RELIEF DE LUCA DELLA ROBBIA.)

de San Salvatore, les mânes inquiets de Catilina[1]. A ces bruits dis-

1. Une ancienne tradition veut que ce soit sur l'emplacement de cette église que le fameux conspirateur romain ait été inhumé après sa défaite.

cordants et sinistres ont succédé maintenant les grincements mécaniques des usines où se fabriquent les engins de toute sorte qui font la prospérité de la ville, armes, couteaux, épingles, instruments aratoires, tuyaux d'orgues, sans parler des vivantes filatures qui dressent vers la voûte azurée du ciel, plus haut que les vieilles tours guelfes ou gibelines, leurs cheminées au front noir de suie.

IV

Au sortir de Pistoie, le chemin de fer se rapproche d'un contrefort de la chaîne apennine que couronnent pittoresquement les ruines d'un ancien castel : c'est celui de Serravalle, qui déjà, dans l'antiquité, était un des postes fortifiés de la section de la via Cassia allant de Florence à Luna. De ruines romaines, la localité cependant n'en a pas. Ici, comme en bien d'autres endroits, on les a utilisées pour la construction des murailles et des édifices, à l'époque où le seigneur d'Empoli, près de Florence, se déclara protecteur des gens de Lucques contre ceux de Pistoie. Seulement, comme le col de Serravalle est le seul passage qui offre une communication facile entre la vallée de l'Ombrone et l'ancien Lucquois, la bourgade n'a pas manqué de pâtir des guerres continuelles et acharnées que se firent les petites républiques ses voisines. Prise et reprise tour à tour par les Pisans et par les Lucquois, occupée tantôt par les Guelfes, tantôt par les Gibelins, elle se vit finalement saccagée dans les luttes effroyables des Panciatichi et des Cancellieri de Pistoie. De ses remparts du moyen âge, il ne lui reste plus que des tours ébréchées au-dessous desquelles le railway passe, pour s'enfoncer dans le flanc de la montagne par une longue galerie souterraine.

De ce tunnel on débouche dans la riante vallée de Nievole. Là, au pied d'une colline, se trouvent les bains de Monte Catini, localité qu'il ne faut pas confondre avec son homonyme des Maremmes, dont j'aurai plus tard occasion de parler. Ces eaux thermales, déjà connues des Étrusques et mentionnées par Varron, jouissaient d'une grande vogue du temps des Romains. Les riches patriciens goutteux y allaient chercher un remède à leurs maux. De nos jours, la station continue d'être très fréquentée par les rhumatisants et les bilieux; les Anglais, surtout, y abondent.

Quelques kilomètres plus loin, on atteint Pescia, petite ville sise dans une vallée fertile et gracieuse, qu'arrose la rivière du même nom. L'industrie du papier et celle de la soie ont fait la prospérité de ce district, où essaiment, au milieu de la verdure, des villages populeux et actifs. Le chemin de fer, décrivant une longue courbe par delà le cours d'eau, gagne ensuite le bourg d'Altopascio, dont

AQUEDUC DE LUCQUES.

on aperçoit de loin la grosse tour carrée et crénelée. Cette localité, au XIVe siècle, formait limite entre le territoire florentin et le lucquois; aussi subit-elle le contre-coup des rivalités des deux républiques. C'est là qu'en 1325 les troupes de Florence furent si bien battues par le condottière Castruccio Castracani, qui s'était fait le dictateur de Lucques. Le fameux *Carroccio* tomba, ainsi que la *Martinella*, aux mains des vainqueurs, et nombre de Florentins furent noyés dans ce lac de Bientina que, de la colline d'Altopascio, on distingue à peu de distance au sud.

J'ai dit que cette nappe d'eau était un dernier reste des immenses marécages, créés là, lors des fortes crues, par les ondes extravasées du Serchio et de l'Arno. Aujourd'hui les marais ont été asséchés, et ce coin de terre, redevenu verdoyant et fleuri, est surnommé le jardin de la Toscane.

A mesure que le train continue de filer, les montagnes qui entourent la vallée arrondissent leurs lignes en forme de cirque, et bientôt, au milieu de ce cercle de hauteurs, dans une fraîche vasque de verdure, apparaît la grande ville de Lucques, avec ses remparts à la Vauban plantés d'arbres magnifiques. Un peu avant d'arriver à la gare, on aperçoit sur la gauche une longue suite d'arcades, — il y en a près de cinq cents, — qui vont se profilant à perte de vue jusqu'aux monts Pisans, tandis que de l'autre côté, près de la ville, elles aboutissent à un haut réservoir en forme de rotonde : c'est l'aqueduc qui amène à Lucques les eaux des rivières Vorno et Guama. Il date seulement de 1823.

CHAPITRE VII

Lucques, son antiquité, ses annales. — Un dictateur au moyen âge. — Promenade à travers la ville : les églises et les édifices publics. — Pourquoi Lucques a de si beaux palais. — Vues prises du haut des remparts. — Excursion dans la vallée supérieure du Serchio ; les Bains de Lucques.

I

Lucques se vante non sans raison de son extrême antiquité. Avant que Florence eût vu le jour, elle était déjà une vieille cité, remplie de souvenirs étrusques, et dont la fondation se perdait, comme on dit, dans la nuit des temps. Lors des guerres puniques, elle comptait parmi les principaux municipes de l'Italie centrale, et le consul Sempronius, celui-là même qu'Annibal écrasa près de la Trebbie, dut, dit-on, agrandir ses murailles. Le voisinage des Alpes Apuanes, où s'agitaient les hardis montagnards qu'on appelait les Ligures, faisait d'elle un poste important; aussi, dès le commencement du second siècle avant l'ère chrétienne, y avait-on établi une colonie romaine chargée de surveiller, de ce côté, la frontière.

Ce fut à Lucques, ne l'oublions pas, que César convoqua Pompée et Crassus, pour nouer le premier triumvirat; plus tard, sous l'empire, la ville devint chef-lieu de province et s'embellit de nombreux monuments. Plus tard encore, quand les Goths envahirent l'Italie, Odoacre y séjourna; puis vinrent les Lombards, dont on connaît l'œuvre de dévastation, et enfin les empereurs d'Allemagne, par lesquels Lucques, à l'instar des autres cités italiennes, se fit octroyer divers privilèges, notamment celui de s'administrer par ses propres consuls élus.

Au XIIe siècle, le commerce de la commune lucquoise avait pris déjà une grande extension. La monnaie qu'elle frappait, dit un historien, faisait prime dans toute l'Italie. Elle pouvait lever une armée de plusieurs milliers d'hommes, et ses galères furent du nombre de celles qui prirent part aux croisades.

En 1288, c'est-à-dire sous le règne de Rodolphe de Habsbourg, elle se constitua en république; peut-être eût-elle pu vivre heureuse, si les factions guelfe et gibeline n'étaient venues, chez elle comme ailleurs, semer le trouble et la haine. En 1314 les Gibelins la livrèrent aux Pisans, et ce fut alors que Dante, exilé de Florence, y reçut l'hospitalité, ce qui n'a pas empêché le poète, dans sa *Divine Comédie*, de parler d'elle et de ses habitants en des termes qui n'ont rien de flatteur : « A Lucques, dit-il, tout le monde est fripon, excepté Bonturo. » Or — c'était là l'ironie du trait — ce Bonturo, justement, passait pour un fripon achevé.

La ville, qui comptait alors trois mille métiers, fut délivrée du joug pisan (1316) par le célèbre Castruccio Castracani, « ce Thrasybule du moyen âge, dont Machiavel a été le Plutarque », écrit Ampère quelque part. La comparaison est peut-être risquée. Castruccio avait en effet commencé par être le complice des ennemis de sa patrie, et si l'idée lui vint après coup de se poser en libérateur, l'ambition fut son mobile dominant. Toujours est-il que les Lucquois l'acclamèrent pour leur capitaine général, et que, jusqu'à la fin de sa vie (1328), il gouverna dictatorialement la cité.

Lui mort, celle-ci n'est guère plus qu'un objet de marchandage et de trafic. Vendue et revendue à plusieurs reprises, elle semble perdre, d'une enchère à l'autre, une partie de sa valeur. De 70000 florins qu'on l'avait faite à Spinola, elle tombe à moins de 40000 quand elle passe aux della Scala, lesquels sans doute, par leurs exactions, ayant achevé de la ruiner, la cèdent tout à fait au rabais aux Florentins. Encore ces derniers n'eurent-ils point le bénéfice du marché, car les Pisans, les éternels rivaux et les premiers oppresseurs de Lucques, la leur enlevèrent d'un coup de main en s'emparant de la fameuse citadelle l'*Augusta*, et, un quart de siècle durant, firent peser sur la malheureuse ville la plus effroyable des tyrannies.

C'est la période de temps que les Lucquois ont appelée la ***Captivité de Babylone*** (*Schiavitù babilonica*), et, de nos jours encore, des anciennes rancunes mal éteintes il reste entre les deux cités, repétries au même moule politique, comme un vague ferment de malveillance.

II

Qui délivra derechef les Lucquois? Ce fut l'empereur d'Allemagne Charles IV, celui qui promulgua la *Bulle d'or*. Mais le bienfait ne fut pas gratuit. Il leur fallut payer cent mille florins d'or « au grand Sire de Germanie », et, pour ce faire, emprunter de toutes mains, et à bons intérêts, on s'en doute: au pape Urbain V, au marquis d'Este et à divers autres gros personnages. A peine rendus à eux-mêmes, ils n'eurent rien de plus pressé, il est vrai, que de se diviser en factions, dont les jalousies et rivalités atténuèrent singulièrement le charme de la liberté reconquise. Bientôt la famille la plus riche et la plus puissante de la ville s'empara du pouvoir absolu, jusqu'au jour où les citoyens, las de ce gouvernement arbitraire, se décidèrent à mettre fin à la suprématie de la noblesse, et organisèrent, comme à Florence, une république établie sur la base populaire.

Était-ce enfin le terme des communes misères? En aucune façon. Les Lucquois ne tardèrent pas à se lasser de ce régime démocratique qui n'avait pas davantage assuré la stabilité de l'État. Des corrections successives au Statut, l'institution d'un Livre d'or, comme à Venise, transformèrent le gouvernement d'abord en une aristocratie, puis en une oligarchie absolue. On était au milieu du XVIIe siècle. De l'ancienne prospérité commerciale et industrielle de la ville il ne restait plus que le souvenir. Le tissage de la soie, qui l'avait enrichie au début, n'existait pour ainsi dire plus, et les milliers de métiers, jadis si actifs, gisaient inanimés au fond des ateliers dépeuplés.

Qu'ajouterai-je à cette chronique lamentable? Vint l'année 1796, où l'on vit les armées françaises, répandues par la péninsule, traverser le territoire lucquois en essayant d'y revivifier la démocratie du vieil âge. Mais ces restaurateurs de républiques descendus d'au delà des monts ne surent pas eux-mêmes conserver la liberté qu'ils avaient conquise et qu'ils allaient provignant par le monde. A dix années de là, Napoléon, devenu empereur, et en quête de principautés vassales, donnait l'ancien duché de Lucques à sa sœur Élisa Bacciochi. Celle-ci, du moins, eut le mérite de chercher à relever le pays, en y construisant des routes, en y encourageant l'industrie et les arts et en s'occupant de l'assainir. Le temps toutefois lui manqua pour achever l'œuvre commencée. Avec le nouveau César d'Occident disparurent tous les satellites, petits et grands, dont son astre avait entendu s'entourer. Aux termes du traité de Vienne, une autre souveraine, l'infante Marie-Louise, soutenue par d'autres baïonnettes, vint s'installer à son tour dans la cité de Castracani.

Son fils, Charles-Ludovic, y régna après elle, et continua les travaux d'endiguement, d'asséchement et d'irrigation, dont la contrée avait tant besoin. Puis survint le mouvement de 1847 : un souffle orageux de liberté, menaçant pour les dynasties étrangères, s'éleva par l'Italie tout entière. Les Lucquois, eux aussi, voulurent une constitution ; on la leur accorda. Ils demandèrent des fusils ; on leur en distribua. Sur quoi, Charles-Ludovic, qui n'aimait pas les mouvements populaires, et qui n'augurait rien de bon de l'avenir, prit le parti de se retirer de lui-même, en priant son cousin, le grand-duc de Toscane Léopold II, de vouloir bien gouverner son peuple à sa place.

Il est vrai de dire qu'en compensation la paternelle cour d'Autriche lui octroya un million de rente, en attendant qu'il prît possession des duchés de Parme et de Plaisance, qui lui étaient promis de longue main. Quant au pays de Lucques, annexé au grand-duché de Toscane, il n'eut qu'à attendre treize années pour que la chute de la maison de Lorraine lui procurât un nouveau et dernier changement de fortune. Cette fois, c'étaient les événements de 1859-1860 qui tranchaient la question politique d'un bout à l'autre de la péninsule. Comme les Florentins, les Lucquois déclarèrent par un plébiscite qu'ils voulaient désormais faire partie de la naissante unité italienne sous la maison nationale de Savoie, et depuis lors la vieille cité qui fut la rivale de Pise et de Florence et qui obéit à tant de maîtres divers, n'est plus, elle aussi, qu'un chef-lieu de province, ruminant en paix les souvenirs d'un passé dont une promenade à travers ses rues va nous faire retrouver la trace artistique.

III

Le premier monument qui frappe l'œil quand on entre dans Lucques par la porte située en face de la gare, c'est la cathédrale Saint-Martin, bâtie, assure l'inscription de l'atrium, par l'évêque Badagio, un Milanais qui, l'année suivante (1061), devint pape sous le nom d'Alexandre II. Elle a en tout cas subi, du XIIIe au XVe siècle, des restaurations qui en ont fait un édifice tout nouveau. C'est une église gothique à trois nefs, dont la façade présente trois galeries superposées à arcades, œuvre de Guidetto le Comasque. Un riche parement de marbres divers, de sculptures, d'entrelacs, où des têtes d'hommes et d'animaux forment un décor extrêmement curieux, en revêt l'extérieur. Au dedans, les fresques de la voûte, le pavage à incrustations de couleur, les colonnettes aux fines découpures complètent l'effet gracieux de l'ensemble.

Lucques possède, disons-le, une quarantaine d'églises au moins, qu'on ne saurait décrire ici en détail. Citons cependant : celle de Saint-Jean, qui est toute voisine du Dôme, et qui fut la cathédrale primitive, antérieurement à l'érection de Saint-Martin ; celle de Saint-Michel, qui date du XIIIe siècle ; San Frediano, sise au bout d'une place longue et étroite. Près de cette dernière se voient les vestiges d'un grand amphithéâtre romain, dont les arcades à deux étages, au nombre de cinquante-quatre, sont bouchées extérieurement par des maisons misérables et des échoppes vermoulues qu'on y a encastrées.

En 553 les Goths y soutinrent un siège contre les soldats grecs de Narsès. Aujourd'hui l'enceinte ovale est occupée par un marché. Dans cette même arène où, pour la plus grande joie des matrones, s'égorgèrent jadis les gladiateurs, la contadine en chapeau de paille débite ses légumes et ses fruits. Mentionnons encore Saint-Juste, où se réunissait, au XIIIe siècle, l'*université* des marchands (on dirait de nos jours la chambre syndicale), composée en majeure partie des banquiers et des filateurs de soie, corporation qui avait, comme ailleurs, son code, ses officiers, sa bannière, ses sceaux, et dont l'aristocratie s'empressa de briser la puissance politique quand elle eut

CATHÉDRALE DE LUCQUES.

ressaisi le pouvoir; San Cristoforo, où se trouve la pierre tombale de Matteo Civitali, le sculpteur lucquois du XVe siècle qui a consacré

OSTERIA LUCQUOISE, PRÈS DE SAN FREDIANO.

son talent et sa vie à l'embellissement de sa ville natale, et San Francesco, où est enterré le grand capitaine Castruccio Castracani.

Une particularité à noter, c'est que, dans la plupart des églises de Lucques, le campanile, de forme carrée, est soudé au corps de l'édifice, au lieu d'en être séparé, comme c'est le cas à Florence et ailleurs.

Des soixante-douze tours que l'on comptait autrefois à Lucques, il n'en subsiste plus que trois, dont l'une, la tour de l'Horloge, est située dans la via Grande; en revanche, les palais sont restés très nombreux, et présentent une ampleur et une importance qu'on ne retrouve que dans peu de villes italiennes. En effet, comme je l'ai remarqué à propos de Pistoie et de Prato, la plupart des familles nobles, après les guerres des XIIIe et XIVe siècles, avaient abandonné leurs cités natales pour aller vivre à Florence, dans le train de fêtes et de luxe inauguré par les premiers Médicis. Quelques semaines par an tout au plus, elles revenaient faire un séjour dans leurs vieux castels tant bien que mal recrépis. A Lucques, au contraire, les patriciens, loin d'émigrer aux bords de l'Arno, voulurent rester sur le territoire où s'exerçait leur prépondérance exclusive, et, autant par goût que par orgueil, continuèrent d'entretenir leurs demeures avec un soin tout particulier.

Tels sont, par exemple, le palais Micheletti, attenant à l'église Saint-Jean; les deux palais Guinigui, qui se dressent vis-à-vis l'un de l'autre dans la rue qui va de l'église San Pietro à la porte Sainte-Croix, dans la direction du jardin botanique. Ces deux derniers sont en briques rouges, avec des arcades subdivisées que soutiennent des colonnettes de marbre. Les grandes portes sont de forme mauresque. Les *loggie* ont été fermées après coup de murs où l'on a percé des fenêtres. A l'une de ces habitations attient une belle tour, qui a été originairement le donjon des Benettoni. Non loin de là est le palais Trenta, construction du XVe siècle que défigurent malheureusement des boutiques ouvertes au rez-de-chaussée. La famille de Trenta, une des plus illustres et des plus opulentes de Lucques, déployait une grande magnificence artistique; chaque année, au carnaval, se donnaient chez elle des divertissements dont parlent les chroniques, et où l'on jouait, paraît-il, avec un luxe inouï de mise en scène, les fameuses *bergeries* de l'époque. « Les peintres les plus renommés dessinaient les costumes et brossaient les décors; les ingénieurs les plus experts inventaient des trucs merveilleux; les acteurs étaient vêtus de brocart et de soie brodés d'or, et lors de la représentation

LUCQUES : PORTE DE LA FAÇADE DE SAINT-JUSTE.

du *Pastor fido* (le Berger fidèle) de Guarini, le pâtre Silvio avait son manteau attaché par une agrafe en pierreries dont on lui avait fait don pour la circonstance. »

Ajoutons que c'est au palais Trenta que logea le roi de France Charles VIII quand il traversa l'Italie; on pourrait, nous l'avons déjà vu, le suivre ainsi rétrospectivement de gîte en gîte et d'étape en étape, jusqu'à ce royaume de Naples qu'il s'était chargé de conquérir.

Dans la via San Giorgio nous trouvons le palais Bernardini, très original, très grandiose aussi, avec ses énormes mascarons sculptés sur les fenêtres du second étage et les consoles si richement ouvragées de son rez-de-chaussée; — près de la porte Saint-Gervais, le palais Buonvisi, sis au milieu d'un vaste jardin enrichi de plantes rares, et qui renferme des fresques remarquables; — place Sainte-Marie-Blanche, le palais des Mansi, qui jusqu'à la fin du XIIe siècle conservèrent le droit de battre monnaie; — le palais Borghi, transformé aujourd'hui en dépôt de mendicité. Quant à la demeure des Castracani, on l'a démolie au siècle dernier.

IV

Le moins ancien de ces *palazzi* lucquois, c'est celui du gouvernement, qui s'élève sur la piazza Grande ou de Napoléon, et qui ne date que de 1577. Là se trouvait primitivement la fameuse forteresse l'*Augusta*, toute cuirassée d'épaisses murailles et de hauts donjons. Construite au commencement du XIVe siècle, cette citadelle fut démolie quand la ville eut secoué le joug des Pisans. Tous les citoyens, dit un chroniqueur, sans distinction d'âge ni de sexe, se ruèrent à la destruction du castel exécré à l'aide duquel les oppresseurs avaient pu maintenir leur domination. Les murs s'effondrèrent en bloc sous l'effort acharné de la multitude, riant, pleurant, affolée. Puis, pour mieux effacer la trace de l'odieux édifice, on résolut de bâtir sur son emplacement un palais digne de la république. L'Ammanati fut appelé de Florence dans cette vue; mais il ne put achever le monument, qui ne fut terminé qu'au XVIIIe siècle, par un architecte du cru, Francesco Pini.

Si la place où se dresse ce palais est restée le rendez-vous officiel et fashionable des habitants, la vraie promenade de Lucques, celle où il faut aller, le soir, contempler le coucher féerique du soleil sur les monts qui encadrent la conque de verdure où niche la cité, c'est la ligne d'avenues en terrasses plantées de platanes, d'acacias et de trembles, qu'on a tracées sur les vieux remparts.

PALAIS MICHELETTI ET ÉGLISE SAINT-JEAN.

Du bastion sud, contigu à la porte Saint-Pierre, on a la vue du mont San Giuliano, avec ses replis gracieux où s'abritent de nombreuses villas; des boulevards de l'Est on domine d'un côté l'immense plaine d'Altopascio qui aboutit au marais de Bientina, de l'autre le val di Nievole, Monte Catini, et les riants coteaux entre

FEMME DE LA CAMPAGNE LUCQUOISE.

lesquels se déroule la Pescia. Suivons-nous l'enceinte verdoyante jusqu'à la porte de Sainte-Marie : voici devant nous la brèche pitto-

LUCQUES : PONT DE LA MADDALENA.

resque par laquelle le Serchio débouche dans la plaine. D'une coupe de terrain à l'autre, l'œil s'élève graduellement jusqu'aux plus hautes cimes de l'Apennin bleuâtre et sauvage.

Reportons-nous nos regards à nos pieds, sur la plaine sillonnée de canaux dont les claires ondes courent en murmurant entre de longs rideaux de peupliers, ou sur le faubourg *extra-muros* qui est directement au-dessous de nous : là tout est vie et mouvement; des chariots rouges, attelés de bœufs blancs, où sont campés debout

PRÈS DES BAINS DE LUCQUES.

des *contadini* coiffés du grand chapeau de feutre, croisent lentement sur la large route de petits cabriolets en sapin verní qui filent rapides comme le vent. Des campagnardes en jupon rouge, des marchands ambulants chargés de fruits, de fromages ou d'autres objets, vont et viennent dans ce conflit de véhicules, tandis qu'au loin, d'un campanile rose à demi caché dans le fouillis de verdure, s'échappe une joyeuse sonnerie de carillon.

Descendons à présent de notre observatoire, et enfonçons-nous par la route ombragée qui remonte au nord la vallée du Serchio :

voici d'abord, à droite, la *Marlia*, palais d'été de l'ex-grand-duc, avec son parc créé, le nom l'indique, à l'imitation du Marly de Louis XIV; on traverse ensuite la rivière, et, au delà d'une forêt de châtaigniers, on arrive à un site d'une beauté saisissante : c'est le Pont du Diable, comme on l'appelle, — ou ancien pont de la Madeleine. Il se compose de quatre arches de plein cintre, dont l'une, véritablement gigantesque, dépasse en hauteur les maisons voisines. La pente qui y conduit est si étroite et si escarpée que les voitures ne peuvent la gravir. Cette construction quasi aérienne, qui semblerait devoir céder au moindre souffle, dure cependant depuis cinq cents ans, car elle remonte au temps de Castruccio.

Plus haut, on pénètre à droite dans l'ombreuse vallée de la Lima, affluent du Serchio, et l'on atteint le groupe de villages qu'on appelle les Bains (*Bagni*). Ces bains de Lucques sont très fréquentés en été; on y compte cinq établissements thermaux et dix-huit sources, excellentes contre nombre de maladies dont il n'y a pas lieu de donner ici la nomenclature.

La contrée, couverte de forêts de châtaigniers, a été surnommée la Suisse toscane. Par la vallée de la Lima on escalade les gorges et les cimes jusqu'à la zone alpestre des pâtis et des conifères. Là vit une population de montagnards aux allures à demi sauvages, qui ne se nourrissent guère que de pain noir et de farine de châtaigne, et qui, six mois de l'année, sont obligés d'aller chercher du travail en Corse ou en Algérie. Quelques-uns poussent même jusqu'en Amérique; mais, de même que les gens des massifs tyrolien et grison, ils n'émigrent jamais sans esprit de retour; la nostalgie du sol natal les ramène tôt ou tard au pays, et celui qui revient avec quelque argent ne manque pas de se faire construire quelque demeure confortable pour y passer le reste de ses jours : de là ce mélange de huttes sordides et de petits cottages presque luxueux qui frappe le regard du touriste dans ces villages haut perchés de l'Apennin.

CHAPITRE VIII

Premier aspect de Pise. — Apogée de sa puissance. — Causes et péripéties de sa chute. — Ce qu'est aujourd'hui la ville. — Le Dôme, la Tour penchée, le Baptistère. — Visite au *Campo Santo*. — Digression artistique. — Les fresques de Gozzoli. — Le triomphe de la Mort au moyen âge. — La légende de l'Enfer et du Paradis.

I

De Lucques à Pise il n'y a que quarante minutes de trajet environ par le chemin de fer, au travers d'une région très fertile, où de nombreux cours entretiennent une végétation luxuriante. Les ceps de vigne et les arbres fruitiers couvrent littéralement le sol, enfouissant hameaux et bourgades dans de charmantes banges de verdure.

Près de San Giuliano, la dernière des trois stations du parcours, on aperçoit à gauche un massif subapennin haut d'un millier de mètres à peu près : ce sont les montagnes qui, selon le mot de Dante, « empêchent les Pisans de voir Lucques ». Elles les empêchent aussi heureusement de recevoir les souffles glacés du nord ; car elles forment écran de ce côté de l'horizon et constituent la ligne de démarcation de deux climats sensiblement différents.

Le train continuant de filer laisse derrière lui ce relief isolé, pour s'engager dans une vaste plaine qui se prolonge jusqu'à la mer Tyrrhénienne, et bientôt sur cette grande surface plate se détache une enceinte de murailles crénelées, d'un angle de laquelle jaillit une gerbe d'édifices blancs et noirs, d'un caractère imposant et étrange ; puis la machine siffle : nous sommes à Pise.

Comme site, la seconde ville de l'Arno n'offre qu'un intérêt secondaire. C'est la cité de plaine, régulière, confortable, moderne, dans toute l'acception du mot. Le premier coup d'œil sur les quais saisit néanmoins le touriste. La ligne mollement recourbée du fleuve est bordée de constructions aux volets verts, crépies en jaune ou en brun, qui toutes ont un air de palais. De larges trottoirs, de hauts parapets surmontés de becs de gaz, de beaux ponts de pierres de taille ou de marbre, achèvent l'aspect grandiose de l'ensemble.

Pise a la forme d'un quadrilatère coupé en deux par l'Arno. C'est sur la rive droite, la plus peuplée, ainsi qu'à Florence, que se trouve le groupe merveilleux de monuments que nous visiterons tout à l'heure.

Les Pisans ne sont pas moins fiers de leur ville que les Florentins de la leur. Ils prétendent qu'elle remonte, non pas seulement à Énée, mais plus haut encore, à Pélops, c'est-à-dire au delà du déluge... de Deucalion, prince qui régnait en Thessalie en 1635 avant Jésus-Christ. Strabon affirme qu'elle fut fondée par des Grecs venus du Péloponnèse. De toute façon, elle paraît être une des plus anciennes localités d'Italie, et, après avoir fait sans doute partie de l'Étrurie, elle comptait, sous les Antonins, parmi les municipes marquants de l'empire.

C'était alors une cité opulente, avec des temples, des théâtres, des arcs de triomphe. Sa position sur l'Arno, dont l'embouchure n'était alors distante que de deux milles, avait fait d'elle une florissante place de commerce.

Après la dissolution de l'empire de Charlemagne, elle se remit, comme Florence, à vivre de sa vie propre, et alors s'ouvrit l'ère glorieuse et agitée de son histoire. Dès le XIe siècle, les Pisans combattent les Sarrasins sur terre et sur mer, leur enlèvent la Sardaigne et la Corse, rançonnent la Sicile, Carthage et Tunis, et prennent part à la première croisade. A l'instar des Vénitiens et des Génois, leurs rivaux, ils promènent leur pavillon sur toute la Méditerranée, et fondent, eux aussi, des établissements de trafic en Grèce, en Égypte, en Asie Mineure, en Phénicie, à Constantinople. L'intérêt mercantile n'est pas le seul qui les préoccupe; partout où ils en trouvent l'occasion, ils s'approprient les précieux restes de l'art et de la culture antiques, menacés de périr sous la main des barbares. En 1136, la prise d'Amalfi, dans le golfe de Salerne, leur

PISE : LES QUAIS DE L'ARNO.

vaut la conquête du manuscrit des *Pandectes* de Justinien; d'autres expéditions leur rapportent la magnifique collection de sculptures grecques et romaines qui fait aujourd'hui un des ornements du Campo Santo. En 1075 ils publient un code commercial et maritime; en 1202, une arithmétique en chiffres arabes. Le grand *emporium* de l'Arno n'était donc pas uniquement, comme le dit un poète chagrin de l'époque, un « comptoir de calculateurs et de juifs ».

L'apogée de la puissance de Pise est au XIIe siècle et dans la première moitié du XIIIe. Cinquante ans plus tard, sa fortune change et décroît. Dès l'an 1003 avait commencé la sanglante rivalité avec Lucques. Dans la lutte des Gibelins et des Guelfes, la ville avait pris parti pour les premiers, et, fidèle à ses idées politiques, elle partagea les revers de la faction impériale. Ce furent les Génois qui lui portèrent le coup le plus terrible, le 6 août 1284, lors de la bataille navale qui se livra dans les eaux de la petite île de Méloria, en face du littoral toscan. Sur 80 navires pisans, 7 furent détruits, 28 capturés, et 11000 prisonniers furent emmenés dans la cité ligure, de sorte qu'on disait que, « pour voir Pise, c'était à Gênes qu'il fallait aller ».

I

Quelques années après (1288) se place l'épisode le plus lugubre de ses annales intérieures, la tyrannie de ce comte Ugolino della Gherardesca qu'assiégea et prit finalement l'archevêque Ruggieri, dont il avait assassiné le neveu. Plus tard, au XIVe siècle, les guerres extérieures se compliquent de dissensions de familles; la ville en reste irrémédiablement déchirée.

La dernière période de son histoire est marquée par une lutte acharnée contre Florence. Après des alternatives de succès et de revers, elle tombe définitivement (1509) sous le joug de sa rivale. Dès lors, toute vitalité et toute énergie sont éteintes en elle; elle ne se réveillera plus de sa torpeur. Sur la porte de l'*Opera del Duomo*, maison de l'œuvre du Dôme, où coucha lors de son passage le roi Charles VIII, se lit cette inscription : *Somno et quieti sacrum* (Consacré au sommeil et au repos); ces mots étaient juste ceux qui pouvaient désormais servir de devise à Pise la Morte, *Pisa la Morta*, comme on l'a appelée.

Peut-être, comme Bologne la guelfe, dont les palais sont devenus autant de bureaux et de comptoirs où se meut une foule d'employés affairés, Pise la gibeline eût-elle pu se relever des désastres de la politique, grâce aux mouvements de l'industrie moderne. Par malheur, la nature elle-même s'est chargée de tarir ses sources de prospérité et de vie. L'Arno a complètement obstrué par ses alluvions l'ancien *Porto pisano* où abordaient les flottes de la fière république. La ville qui, du temps de Strabon, était à moins d'une lieue de la mer, en est aujourd'hui à douze kilomètres. Le progrès des atterrissements a été d'environ deux mètres par siècle, ce qui semble indiquer que primitivement Pise se trouvait sur le bord même de la mer.

Elle semble du reste avoir pris philosophiquement parti de sa décadence. Sauf l'hiver, où la douceur de son climat lui attire une foule d'étrangers, c'est une ville triste et inerte, qui ne s'anime que les jours de marché, car elle est demeurée un gros centre agricole où affluent les céréales de toute la contrée. Les boutiques sont rares et peu garnies; l'herbe pousse à l'aise dans les rues. Ce qui domine ici, comme dans beaucoup de nos chefs-lieux de préfecture, c'est l'élément administratif et bureaucratique. Il y a d'abord la préfecture avec tous ses services, puis le tribunal civil avec ses juges, la cour d'assises et la préture avec leur entourage obligé de notaires, d'avoués, d'avocats, dont quelques-uns, il est vrai, résident à Volterra ou aux environs. Un second groupe se compose du service des domaines, de celui de l'enregistrement, des hypothèques, du cadastre, des contributions. Viennent ensuite le personnel de l'Université, celui du lycée, de l'École normale, du séminaire, le corps médical, le clergé régulier et séculier. Quant au monde du commerce et de l'industrie, il est relégué à l'arrière-plan par cette armée de fonctionnaires de toute sorte. Les étudiants eux-mêmes, au nombre de six cents environ, ne jettent qu'une animation fort intermittente dans ce milieu monotone et paisible.

Mais, fût-elle trois fois plus déchue encore, Pise se sauverait toujours par un petit coin à part où se groupent quatre monu-

SCÈNE [illegible]

ments incomparables : le Dôme, le Baptistère, la Tour penchée et le Campo Santo.

III

C'est tout à l'extrémité nord-ouest de la ville, juste au sortir de la gare du chemin de fer de Lucques et de Florence, dans un quartier silencieux et désert, que s'élèvent ces glorieux témoins d'un passé à jamais disparu. Le grand épanouissement de l'art a coïncidé ici avec l'époque de l'apogée de la république. Tandis que Florence est par excellence la cité de la renaissance, que Lucques personnifie la période gothique, à Pise, c'est le style roman qui s'affirme dans toute sa splendeur et sa pureté.

La place du Dôme forme un vaste rectangle irrégulier, orné de pelouses : au milieu, la cathédrale; en avant, à sa droite, en venant de la ville, le Campanile; à gauche, contre les remparts de la Porta Nuova, le Baptistère; en arrière, le Campo Santo. Pas une échoppe, pas un arbre ne distrait le regard de l'observateur; son attention peut se concentrer entièrement sur ces magnifiques blocs de marbre, par-dessus les reliefs colorés desquels on n'aperçoit qu'un fond bleu de montagnes se détachant au loin dans l'azur du ciel. Nulle part ailleurs, à coup sûr, on ne trouverait dans un espace aussi petit, tout en dehors du mouvement et du bruit, un pareil assemblage de chefs-d'œuvre : « quatre choses, écrivait le président de Brosses au siècle dernier, qui sont de la tête aux pieds, c'est-à-dire des fondations aux toits, y compris même le pavé de la place, du marbre de Carrare le plus blanc et presque aussi fin que l'albâtre ».

Considérons en premier lieu le Dôme, la *primaziale*, comme on le nomme ici.

La construction en fut commencée à la fin du XIe siècle par un artiste appelé Buschetto, un Grec, dit-on, qui érigea aussi l'obélisque du cirque de Néron, à Rome. C'était au temps où les Pisans, maîtres de la Sardaigne et de la Corse, envoyaient au loin leurs navires battre sur mer les écumeurs sarrasins. Ayant forcé le port de

Palerme et capturé six grands vaisseaux comblés de richesses, ils en brûlèrent cinq, et vendirent le sixième. Le produit, dit une inscription du Dôme, en fut consacré à l'érection d'une église nouvelle sur l'emplacement marécageux d'une basilique du IVe siècle, Santa Reparata *in palude*, qui elle-même avait succédé à des thermes bâtis par Hadrien.

L'édifice, achevé au bout de trente-sept ans par Rainaldus, est en forme de croix latine, avec cinq nefs à coupole. Sa longueur est de 95 mètres. La façade est divisée en cinq étages à galeries ouvertes, supportées par 58 colonnes. On y employa, outre certains matériaux antiques, les marbres blancs de Carrare, de Massa et de Serravezza, dont on releva l'éclat par un mélange de marbres noirs et des incrustations de marbres de couleur. L'ornement principal de la façade, ce sont les fameuses portes exécutées sur les dessins de Jean Bologne, après l'incendie de 1596 qui avait dévoré les portes primitives. Vingt compartiments y représentent la vie de la Vierge et celle du Christ.

À l'intérieur règne une magnificence presque aussi éblouissante qu'à Saint-Marc de Venise. C'est une véritable futaie de colonnes alternant avec de fausses arcades, un éclat harmonieux de coloration, encore rehaussé par la mystérieuse pénombre du vaisseau, où la lumière du jour ne filtre que par de petites fenêtres très haut placées et en partie garnies de vitraux. Quelques belles peintures seulement : le *Sacrifice d'Isaac*, de Bazzi, surnommé le *Sodoma*, et deux toiles d'André del Sarto. Ce fut, dit-on, le lustre de bronze suspendu à la voûte qui, par ses oscillations isochrones, mit Galilée sur la voie de la théorie du pendule.

Le Dôme de Pise servit longtemps de modèle aux architectes toscans; plusieurs églises de Lucques reproduisent les données de cet édifice; les cathédrales d'Empoli et de Prato, la *pieve* d'Arezzo, le Baptistère et San Miniato, à Florence, sont également conçus dans le même esprit.

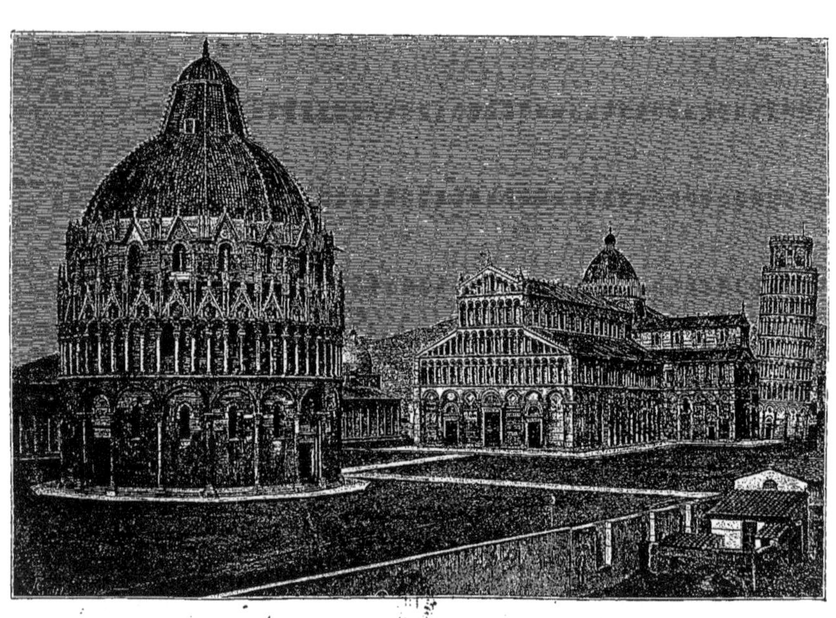

PISE : LA PLACE DU DÔME.

IV

A l'est du Dôme se dresse le clocher ou campanile, à savoir la fameuse Tour Penchée, qui ne fut construite que bien longtemps après l'église, en 1174, et ne fut terminée qu'au XIVe siècle. C'est un édifice cylindrique, d'une hauteur de 55 mètres, avec une circonférence de 48 mètres à la base, et huit étages de colonnades superposées. Son inclinaison, qui est de 4 mètres, et qui servit à Galilée à faire des expériences sur les lois de la gravitation, paraît tenir au hasard plus qu'à une fantaisie architecturale : le sol aurait subi un tassement pendant la construction même, et l'on continua de bâtir sur ce plan affaissé. Seulement, à partir du quatrième étage, on fit des colonnes plus élevées d'un côté, afin de ramener autant que possible à l'horizontalité la plate-forme de la tour.

Une belle sonnerie de sept cloches couronne ce monument aussi grandiose que bizarre. La plus ancienne, dite la *Giustizia*, date de 1262. Elle servait à sonner le glas funèbre des condamnés. Du sommet, la vue est splendide : au nord, c'est-à-dire vers Lucques, on aperçoit la chaîne apennine ; à l'ouest, par delà un ourlet sombre de forêts, on domine la mer, d'où surgissent les îles de Gorgone et de Caprée, et, par un temps tout à fait clair, la Corse et la pointe de l'île d'Elbe.

De l'autre côté du Dôme s'élève le Baptistère, construction des XIIe et XIIIe siècles, formant une rotonde à trois étages, avec colonnes et coupole. Il mesure 55 mètres de hauteur sur 107 environ de pourtour. Sa porte principale, qui fait face à l'église, est flanquée de deux colonnes merveilleusement sculptées de la base au sommet. Le mérite de ce monument est surtout architectural ; à l'intérieur, peu d'œuvres d'art. Les graves architectes romans de la Toscane dédaignaient les frivolités de décoration ; la raison, la sobriété correcte, l'emportaient chez eux sur l'imagination et la fantaisie.

La cuve baptismale, voilà ce qui attire tout d'abord les regards. C'est un immense bassin octogonal posé sur trois marches au milieu de l'édifice. Ses gigantesques proportions nous reportent à ces temps primitifs du christianisme où le baptême s'administrait par immersion. Dans cette vasque immense, toute une escouade de fidèles pourrait tenir à l'aise. Le système, il est vrai, n'était pas sans inconvénient; Dante lui-même en témoigne, puisqu'il confesse avoir un

PISE : LE LUSTRE DU DÔME.

jour brisé la piscine baptismale de Florence, pour sauver un enfant qui s'y noyait.

C'est à quelques pas de ces fonts que se trouve le chef-d'œuvre de l'artiste toscan qui, le premier, osa secouer le joug de la routine et de la tradition, et fut, avec son ciseau, le grand initiateur du XIIIe siècle :

PISE : INTÉRIEUR DU DÔME.

je veux parler de Nicolas de Pise. Sa fameuse chaire du Baptistère fait date dans l'histoire de la sculpture. Au moment même où l'architecture élevait, à Pise, les splendides édifices que nous sommes en train d'étudier, sa sœur la sculpture semblait revenue à la barbarie. Rien de plus lourd et de plus bizarre que ses productions. « Tout sentiment de la forme humaine a disparu, dit avec raison un critique d'art; les corps sont monstrueux, les visages stupides. On en peut juger par les têtes grimaçantes, bestiales, prodiguées dans toutes les églises de Pise sur les chapiteaux, à la retombée des voûtes, ainsi que sur la porte de bronze du transept du Dôme. » C'est que l'école romane, je le répète, avant tout, simple, grave, austère, ne voyait que l'harmonie régulière de lignes découlant de la géométrie; toute au symbolisme, elle ne s'occupait nullement de la réalité des objets. Une tige avec trois feuilles au bout figurait un arbre; quelques créneaux vaguement indiqués représentaient une ville; un monde étrange d'animaux fantastiques, basilics, dragons, griffons, etc., composaient la faune essentiellement lugubre dont elle se plaisait à offrir la vision aux pécheurs.

Avec Nicolas de Pise, tout change; ce n'est pas encore cette expression pittoresque, émue, colorée, cette façon inquiète de scruter et de fouiller la pierre, qui prévaudra dans l'école gothique; rien de fiévreux ni de passionné dans le coup de ciseau du maître toscan; mais quelle netteté de composition, quelle pureté admirable de contours, quel sentiment du rythme et de l'expression nous révèlent les bas-reliefs de cette chaire de marbre du Baptistère [1], que supportent sept colonnes soutenues elles-mêmes par des lions et d'autres figures!

V

Le quatrième édifice de la place, c'est, je l'ai dit, le Campo Santo. L'architecte, ici, fut Jean de Pise, fils de Nicolas. On sait

1. Le lecteur curieux en pourra voir un moulage complet à l'École des Beaux-Arts de Paris.

d'où vient ce nom de *Campo Santo* (champ sacré). Une cinquantaine de galères pisanes, qui étaient allées à la troisième croisade, embarquèrent, en quittant la Palestine, une certaine quantité de terre enlevée au Saint-Sépulcre. Ce lest, déchargé à Pise, couvrit l'espace actuel du Campo Santo sur une profondeur de 9 pieds environ, et l'archevêque Ubaldo de' Lanfranchi, celui-là même qui avait commandé les troupes de l'expédition, établit à cet endroit un cimetière. Grâce aux sels dont elle était imprégnée, cette terre sacro-sainte fut réputée avoir des vertus miraculeuses : les chairs des corps inhumés dedans s'y consumaient en vingt-quatre heures comme dans de la chaux vive; aujourd'hui, par suite de l'évaporation d'une partie des principes salins, les phénomènes de calcination s'y produisent plus lentement.

Le Campo Santo, commencé seulement en 1278 — plus de deux siècles après le Dôme — et terminé au bout de cinq ans, forme, parallèlement à l'église et au Baptistère, mais un peu en retrait du côté des remparts du Nord, un vaste parallélogramme de 130 mètres de long sur 42 de large. Rien que des murs, pour bien marquer que ce sanctuaire est un lieu absolument séparé du monde. Nul monument n'est plus simple et plus grandiose d'ordonnance. A l'extérieur, point de décoration; toute la magnificence est au dedans.

Franchissez le seuil de l'austère édifice : quel éblouissement, le soir surtout, au clair de la lune!

Le cimetière, qu'entoure un vaste cloître de soixante-deux arcades à fenêtres ogivales, se compose de quatre plates-bandes couvertes de gazon, avec quelques fleurs. Aux angles, quatre cyprès; au centre, une colonne le long de laquelle grimpe un rosier. Tout un monde de chefs-d'œuvre peuple les galeries de ce promenoir, réunion sereine de sculptures qui raconte l'histoire même de l'art depuis le IIIe siècle avant Jésus-Christ. Tout s'y trouve, depuis le fameux sarcophage avec bas-relief représentant Phèdre et Hippolyte qui fut, dit-on, une révélation pour Nicolas de Pise, jusqu'au tombeau de la cantatrice Catalani, morte à Paris en 1849; depuis le buste de Brutus jusqu'à celui du ministre-diplomate de Cavour; depuis le vase en marbre de Paros où est figuré le Bacchus barbu, jusqu'au groupe allégorique dédié par Jean de Pise à la gloire de sa patrie.

PISE : LA TOUR PENCHÉE.

Une femme debout allaitant deux enfants, tels sont les traits sous lesquels ce dernier artiste a représenté la fière république. A ses pieds, quatre autres figures de femmes personnifient la Prudence, la Modération, le Courage et la Justice, vertus d'État qui n'ont pas toujours prévalu à Pise ni ailleurs. Une relique historique attire aussi l'œil dans ce Panthéon : ce sont les chaînes de fer de l'ancien port de Pise enlevées par les Génois au XIVe siècle et recouvrées en 1848.

VI

Et les fameuses fresques du Campo Santo, qui n'en a au moins entendu parler? Ces fresques ornent les murs pleins qui regardent les arcades donnant sur la cour. C'est d'abord une série de scènes de l'histoire sacrée par Benozzo Gozzoli, l'élève du pieux moine Fra Angelico : l'*Ivresse de Noé*, la *Construction de la tour de Babel*, la *Destruction de Sodome*, le *Sacrifice d'Isaac*, *Moïse*, la *Chute de Jéricho*, *David et Goliath*, — tout un monde de fantaisies pleines d'esprit et de mouvement, où, sous prétexte de représentations bibliques, se retrouve toute la vie pisane et toscane de l'époque, et — notez ce point-ci — dans un décor pittoresque et superbe.

Longtemps, en effet, la peinture avait paru ignorer les principes les plus élémentaires de la perspective.

Giotto, en qui avait commencé de s'affirmer la conception des formes humaines, n'avait saisi ni le paysage ni la graduation colorée des aspects. Ce qui caractérise son art et celui de ses successeurs immédiats, c'est le système du clair-obscur (*chiaroscuro*); point d'ombres portées, une lumière égale et tranquille, partout répandue; résultat, un ensemble plat, composé de masses juxtaposées d'une façon monotone. Et quelle structure informe des sites! Pour donner, par exemple, une idée des espaces déserts de Libye ou de Palestine, on n'imaginait rien de mieux que de planter, sur des quartiers de roc superposés le plus étrangement du monde, quelques palmiers problématiques, pêle-mêle avec les arbres de Toscane. Regardez les rochers de Giotto : ont-ils des reliefs assez bizarres!

Nous montrent-ils des déchirures assez fantastiques! Quant au vert feuillage, il ne sert qu'à former couronne sur les têtes d'anges; c'est un pur élément de contraste avec la blancheur des vêtements.

Au XVe siècle seulement, le sentiment de la nature se développe. L'étude attentive des théorèmes d'optique d'Euclide, les essais pratiques de Paolo Uccello qui, aidé de Manetti le Mathématicien, aborde les effets de perspective, refont, dans ce sens, l'éducation de l'œil et ramènent la peinture à la vérité. Avec Masaccio apparaissent enfin des linéaments de pittoresque; son tableau de *Jésus et ses disciples devant les portes de Capharnaüm* nous présente le premier paysage avec avant-plan, plan intermédiaire et arrière-plan. Avec quel étonnement aussi on vit, à Sienne, les forêts verdoyantes de certaines fresques du Pinturicchio, et, dans un tableau du *Sodoma*, ce site où ressort avec tant de netteté le lustre éclatant que les campagnes locales doivent à la verdure persistante de certains arbres méridionaux!

Pour en revenir à Gozzoli qui, quoique élève de Frère Angélique, se complaît à imiter Masaccio, c'est sa richesse d'imagination, non moins que son esprit sarcastique, qui fait le charme extraordinaire de ses fresques du Campo Santo. Prenez d'abord l'*Ivresse de Noé*: « C'est, comme l'a dit un ingénieux critique, la peinture gaie, vive, spirituelle, d'une scène de vendanges aux environs de Florence. Les femmes cueillent le raisin, le portent dans des paniers; un homme, jambes nues, foule le fruit dans une cuve. Puis, une masse de groupes formant tableau : un chien qui aboie contre deux enfants assis par terre; Noé appuyant la main sur la tête d'une petite fille, tandis qu'un petit garçon se serre contre lui. Le paysage est exactement le paysage florentin, accidenté et pittoresque, avec les vignes grimpant aux ormes, les collines peuplées d'oliviers; au centre de la composition, Noé, tenant avec tendresse un hanap rempli du précieux liquide; à gauche, l'ivresse du patriarche. »

Dans la *Construction de la tour de Babel*, la campagne n'est pas moins détaillée et fouillée. Regardez l'éblouissante Babylone, avec sa féerie d'édifices, dômes, clochers, beffrois, pyramides. Au centre du tableau, les ouvriers se démènent et travaillent avec une activité merveilleuse. Les uns taillent la pierre, les autres préparent le mortier; ceux-ci hissent les blocs sur les échafaudages, ceux-là les

PISE : LA CHAIRE DU BAPTISTÈRE.

mettent en œuvre dans la bâtisse; une foule de curieux de tout âge et de tout sexe contemplent ce labeur titanique.

Gozzoli, l'enchanteur et le poète, n'a point fait école; on ne lui connaît pas de disciples. Il passe à travers la Renaissance comme une sorte de magicien solitaire évoquant du bout de sa baguette des créations immenses, magnifiques et exquises, que Vasari, l'historien d'art, déclarait faites « pour épouvanter toute une légion de peintres ».

De sa vie personnelle on ne sait rien; il est tout entier dans ses œuvres. Il mourut en 1498, près de l'édifice marmoréen qu'il avait décoré avec tant de verve et d'amour, et où la reconnaissance des Pisans a voulu qu'il dormît son dernier sommeil.

VII

A côté de lui, dans le même sanctuaire d'art, apparaît le peintre-sculpteur Andrea Orcagna, son devancier d'un siècle. C'est dans la galerie d'entrée que se trouvent ses deux grandes fresques empreintes d'une si sombre éloquence et d'une portée satirique si puissante : le *Triomphe de la Mort* et le *Jugement dernier.*

Nous savons déjà qu'au moyen âge il y eut pour la poésie comme pour l'art deux sujets inépuisables d'inspiration : la glorification de la Vierge et les fins dernières de l'homme sous les apparences de l'Enfer et du Paradis.

La légende de Marie se développe surtout dans la seconde moitié du XIIIe siècle. L'âge antérieur s'était borné à représenter la mère du Christ seule ou sans autre appareil que l'enfant Jésus dans ses bras ou près d'elle. Plus tard la figuration se complique et s'embellit de mille accessoires : la Vierge trône, environnée d'anges; autour et au-dessus d'elle éclatent toutes les splendeurs d'en haut. Les saints se pressent pour la couronner; les légions célestes peuplent la scène, qu'emplit l'harmonie des chants et des harpes : c'est tout un poème triomphal, où Marie apparaît définitivement comme la reine du séjour éternel.

La Mort et le Jugement dernier sont également reproduits partout, à l'aide du ciseau et du pinceau, sur les murs et les vitraux des églises. La poésie, tout d'abord, s'était emparée de ce thème lugubre. Qui ne connaît la fameuse légende des *Trois Morts et des Trois Vivants* qui, de France, où elle était née, fit, au moyen âge, le tour de l'Europe?

Trois beaux cavaliers, revenant de la chasse, s'arrêtent effrayés devant trois cadavres que leur montre du doigt l'ermite Macaire.

Tels comme vous un temps nous fûmes,
Tels vous serez comme nous sommes!

Ce sombre refrain, que répètent les trois morts, rappelle les hymnes de la même époque attribués à Bernard de Clairvaux, un des chefs de l'ordre des Cisterciens.

Ubi sunt qui ante nos in hoc mundo fuere?
Cineres et vermes sunt: carnes computruere;
Surge, surge, vigila, semper esto paratus.

« Où sont ceux qui nous ont précédés sur cette terre? ils ne sont que cendre et vermine; leurs chairs se sont putréfiées.... Debout, pécheur, et alerte! A tout instant tu dois être prêt. »

Comme Satan, la Mort, personnifiée, revêt, pour le peuple, une forme palpable; c'est du reste la grande justicière, la vengeresse souveraine des malheureux et des opprimés contre les puissants de ce monde. Devant elle, tous sont égaux, et nul ne peut éviter son étreinte.

De là, les allégories innombrables qui, à partir du XIIe siècle surtout, défraient la littérature et l'art. A Assise, une fresque de Giotto nous représente saint François montrant de la main gauche un squelette qui porte sur la tête une couronne prête à tomber. La conception est toute simple encore; c'est un symbole expressif et sobre de l'instabilité des grandeurs terrestres; mais bientôt l'idée se complique, se dégage avec de terribles formules et avec une mise en scène dramatique. La *Divine Comédie* de Dante vient encore exciter dans ce sens l'imagination allumée des artistes et leur suggérer de grandioses créations. De ce nombre est la fresque d'Andrea Orcagna.

Une troupe de boiteux, de manchots, d'aveugles et de misérables

INTÉRIEUR DU CAMPO SANTO DE PISE.

appellent la Mort, la supplient de mettre un terme à leurs maux : *O morte! medicina d'ogni pena, deh! Veni* (O Mort, souveraine guérisseuse, viens à nous!) Mais la camarde à l'œil cave se détourne de ces déshérités; ce n'est point pour cette vulgaire moisson qu'elle a, cette fois, affilé sa faux.

Dans un bosquet voisin, de brillants seigneurs, le faucon au poing, et de jeunes dames revenant de la chasse, comme dans la ballade ci-dessus mentionnée, se livrent au repos, en écoutant les chants d'un troubadour : la Mort va droit à eux, et fauche tout sans pitié. La terrible niveleuse a déjà frappé, mis en tas par terre, des porte-couronne et des porte-mitre, des moines et des religieuses, des guerriers et des princes : tous gisent pêle-mêle, corps inertes qui vomissent leurs âmes sous la forme d'enfants nus. Qu'il y a loin de la *Pallida Mors* d'Horace à cette Mort démoniaque d'Orcagna ! Celle-ci est bien l'exécutrice implacable du fameux cantique (*Dies iræ*) de Jacopo da Todi, le poète-ascète du XIIIe siècle qui apostropha si audacieusement le souverain pontife Boniface VIII. C'est bien aussi, abstraction faite des fantasmagories du pinceau, la *Morte* que Pétrarque, plus tard, nous décrit comme « une femme habillée de noir dont la fureur effraie même les géants ».

Le dernier cycle de la funèbre légende fut, on le sait, celui de ces *danses macabres* (*balli della morte*), où l'ironie devait atteindre à son plus haut degré d'acuité; mais, dans la poésie comme dans l'art, cette figuration suprême de l'idée n'a laissé en Italie que peu de traces; c'est au Nord surtout qu'il faut la chercher. Rappelons seulement que dans ces processions expiatoires que Savonarole, le farouche tribun, organisa au XVe siècle à Florence, le personnage de la Mort faucheuse ne manqua pas de jouer son rôle justicier; plus tard encore, au commencement du XVIe siècle, à la fin d'un carnaval florentin, on vit se promener par les rues de la ville un char où le lugubre squelette siégeait en jetant à la foule le vieux *memento* pénitentiel que le moyen âge avait tant répété :

Fummo già come voi siete,
Voi sarete come noi.

« Nous avons été ce que vous êtes; vous serez un jour ce que nous sommes. »

La seconde fresque d'Andrea Orcagna, au Campo Santo, c'est le *Jugement dernier*; elle a pour complément, tout près de là, l'*Enfer* de l'autre Orcagna, Bernardo.

Cette dernière composition, plus barbare de style, et d'ailleurs retouchée après coup d'une manière assez malhabile, nous montre l'escadron hideux des démons venant chercher les âmes des damnés pour les emporter à la fournaise. L'artiste, visiblement, s'est inspiré de la *Divine Comédie* : témoin par exemple cette scène où Satan dévore trois corps humains à demi engouffrés déjà dans sa gueule gigantesque. Chez Dante, ces trois malheureux sont nommés : c'est Judas, Brutus et Cassius. La grotesque avidité des démons qui grouillent dans cette page de peinture fait penser à ce *mystère*, composé au moyen âge par les frères Arnold et Simon Greban, où toute une armée de diablotins chante :

Plus en a, plus en veut avoir
Luciferus, notre grand diable.
Quand il voit les âmes pleuvoir,
Plus en a, plus en veut avoir.

Si jamais vous allez à Orvieto, vous retrouverez dans la cathédrale de cette ville ce même thème de l'*Enfer*, reproduit par Luca Signorelli, avec une intensité d'expression et une sûreté de dessin qui font de cet artiste un digne précurseur de Michel-Ange.

Rien de plus poignant que la peinture des anxiétés des coupables. Les corps, frissonnants d'épouvante, tentent encore de se dérober sous la pierre du tombeau qui se soulève; mais, harcelés par le fouet de l'ange, saisis par les griffes des démons, ils vont quand même aux supplices éternels. Déjà ceux qui sont en tête du cortège ont aperçu l'entrée de l'horrible lieu; ils essaient de reculer. Marche! leur crie le guide implacable. Enfin le seuil de l'Enfer est franchi, l'abîme a reçu sa proie, et, pour qu'il la garde à jamais, l'ange debout veille à la porte. *Lasciate ogni speranza!* Toujours le mot terrible de Dante : « Qui entre ici n'en sort plus ».

FRESQUE DU CAMPO SANTO DE PISE. — CONSTRUCTION DE LA TOUR DE BABEL.

CHAPITRE IX

A travers Pise (*suite*). — Places et rues. — Palais et maisons historiques. — Galilée. — Les quartiers de la rive gauche de l'Arno. — De Pise à la mer. — La ferme et le bois de San Rossore. — Le cours inférieur du Serchio. — Livourne; la ville et le port.

I

Ces splendides monuments de la place du Dôme, que nous venons d'étudier à loisir, éclipsent toutes les autres curiosités que Pise peut encore offrir au touriste. La ville d'ailleurs a beaucoup changé depuis le moyen âge. Les vieux remparts ont été remplacés par de vulgaires murs; seuls les créneaux, conservés, et çà et là un bastion en ruines donnent un certain cachet à l'enceinte. Des vingt portes anciennes, il n'en subsiste que six, transformées en barrières d'octroi.

Une vingtaine d'églises, reproduisant pour la plupart le système architectural du Dôme et la même alternance de marbres blancs et noirs (Sainte-Catherine, Sainte-Marie, etc.), une demi-douzaine de palais, quelques rues à arcades, beaucoup de ruelles sombres et tortueuses, comme à Gênes et à Venise, voilà pour la couleur d'autrefois. Le reste de la cité se compose de voies régulières et dallées, que bordent des maisons lourdes et sans caractère bien tranché.

Une seule place, sur la rive droite, rappelle la Renaissance : c'est la *piazza dei Cavalieri*, ou des Chevaliers de Saint-Étienne, ordre militaire institué en l'honneur du pape de ce nom par Cosme, le premier grand-duc de Toscane (1561), pour défendre le littoral contre les incursions des corsaires. Jusqu'à la fin du siècle dernier, ces chanoines entretinrent dans cette vue deux frégates. Leur ex-palais, la *Carovana*, devenu aujourd'hui l'École normale, se dresse au centre de la place. C'est une construction d'aspect assez grandiose avec son petit toit proéminent, ses écussons d'angle et ses niches contenant les bustes des maîtres de l'ordre.

Au devant d'elle est la statue de Cosme et, tout près de là, le bizarre palais de l'Horloge avec son centre en retrait. Sur l'emplacement de ce dernier édifice s'élevait jadis la fameuse tour, démolie en 1595, où l'archevêque Ruggieri laissa périr d'inanition avec ses enfants le comte Ugolin de la Gherardesca. « A cause de moi, on « appelle cette tour la tour de la Faim », dit le pécheur du neuvième cercle, dans l'*Enfer* de Dante, avant de reprendre, en roulant les yeux, le misérable crâne où ses dents, comme celles d'un chien furieux, entrèrent jusqu'à l'os. »

Il reste des palais Gherardesca en plusieurs endroits de la Toscane. Il y en a un, entre autres, à Florence, où un bas-relief de Michel-Ange représente la Faim sous les traits d'une horrible vieille planant au-dessus des personnages. Elle montre ses fils mourants à Ugolin, qui les regarde en pressant ses entrailles. Au-dessous on voit l'Arno, personnifié, détournant ses yeux de tant d'horreurs.

A Pise, allez à Saint-François, qui dresse son campanile rouge près de l'endroit où le rempart de l'Est dessine vers la ville une courbe rentrante : on vous fera voir, à l'entrée du cloître, la pierre sous laquelle sont ensevelis le comte et ses enfants.

La célèbre université pisane — *Sapienza*, ou *Studio publico* — est toujours le principal institut de ce genre qui existe en Toscane. Elle occupe, rue San Frediano, une vaste construction ornée d'un cloître de la Renaissance et d'une *loggia* ouverte dont les colonnes soutiennent la toiture. Dans la même rue est l'Académie des Beaux-Arts, fondée par Napoléon Ier.

Plusieurs autres édifices, curieux à divers titres, sont à voir sur la rive droite de l'Arno. L'un est le palais Lanfranchi, ou Toscanelli, où a demeuré lord Byron; l'autre est le palais Lanfreducci, le palais de Marbre, comme on l'appelle; il date du XVIe siècle; un troisième, non plus en grain blanc de Carrare, mais en terre cuite, est le palais Agostini. Enfin, au fond d'une cour, près de l'église Saint-André, se dissimule une demeure toute modeste qui, depuis 1864 seulement, porte une plaque commémorative : c'est la maison où

PISE : LE PALAIS LANFREDUCCI.

naquit Galilée. Arrêtons-nous un moment devant cette grande figure de savant.

II

Le père de Galilée voulut faire de lui d'abord un marchand de

PISE : MAISON DE GALILÉE.

laine, puis un médecin : deux bons moyens, en ce temps-là, d'arriver sûrement à la fortune; mais la science conquit de prime abord le jeune étudiant. A vingt et un ans il était déjà célèbre; à vingt-quatre il professait les mathématiques à cette même université de Pise où il avait été écolier.

En 1609, la nouvelle se répandit à Venise qu'un Hollandais, Jean Métius, avait présenté à Maurice de Nassau un instrument avec lequel les objets éloignés se voyaient comme s'ils étaient tout proches. Galilée, qui se trouvait alors dans la ville des Lagunes, réfléchit toute une nuit à la chose, et le lendemain, sur le rapport très sommaire qui lui avait été fait de l'invention, il donna, le mieux qu'il put, la forme à deux verres, les adapta aux extrémités d'un tuyau d'orgue, et montra à Messieurs de Venise, du sommet du Campanile de Saint-Marc, les merveilles de cette nouvelle machine, au moyen de laquelle il obtenait un grossissement de mille fois en surface. Dès ce moment, les tours et les clochers de la ville furent couverts de

GALILÉE.

gens qui, lunette en main, regardaient voguer sur l'Adriatique les vaisseaux de la sérénissime république.

Les Vénitiens n'avaient vu dans le télescope qu'un moyen commode de surveiller leurs ennemis et de s'assurer l'empire de la mer; Galilée, lui, y vit autre chose, un moyen de régner dans le ciel. Jusqu'alors on s'était bien servi de tubes pour observer par exemple les astres, et de vieux manuscrits représentaient le géographe Ptolémée contemplant de cette façon le firmament; mais ces tubes n'étaient point garnis de verres. On n'en usait que pour diriger la vue ou la rendre plus nette, en séparant les objets lointains de ceux dont la proximité pouvait gêner et brouiller l'optique, ainsi que l'on fait vulgairement quand on met deux doigts entr'ouverts sur ses yeux ou qu'on regarde par un trou d'aiguille au travers d'une feuille de papier.

Une fois armé de sa puissante lunette, qu'il ne cessa de perfectionner, Galilée la braque d'abord sur la lune, où il discerne des reliefs et des cavités; puis il découvre les satellites de Jupiter, lesquels — c'était en 1610 — sont baptisés *astres des Médicis*. Par malheur pour lui, chacun le sait, au cours de ses études scientifiques, il trouve aussi le mouvement de la terre, et cette découverte, par trop hardie, ameute contre lui les partisans de l'ancienne philosophie et tous ceux qui tenaient pour le : *terra in eternum stat* de l'Écriture sainte. L'ordre de saint Dominique part en guerre contre le savant, qui, à l'âge de soixante-dix ans, se voit contraint d'aller à Rome (1633) comparaître devant le tribunal de l'Inquisition, et abjurer, en chemise et à genoux, son « erreur scélérate et impie ».

La condamnation de Galilée fut promulguée publiquement à Florence, dans l'église Santa Croce, en présence de ses amis et disciples, puis transmise à toutes les cours et aux corps les plus illustres de l'Europe. Chose singulière, ce fut le célèbre Jansénius, qu'on devait bientôt condamner à son tour, qui fut chargé de la notifier à l'université de Louvain. Depuis lors, Galilée, revenu à Sienne, puis à Florence, ne mena plus qu'une existence solitaire, dont la tristesse fut encore assombrie au dernier moment par la cécité.

Il mourut en 1642. De ses cendres sortit en quelque sorte la société toscane demeurée fameuse sous le nom d'*Academia del Cimento*.

III

La rive sud de Pise, beaucoup moins peuplée que l'autre, possède aussi moins de monuments historiques. C'est dans cette direction que la ville tend à s'agrandir et que s'élèvent les constructions modernes destinées aux valétudinaires, aux étrangers, qui viennent, quelques mois de l'année, séjourner sous ce climat tiède et tonique. Autrefois la colonie d'hivernants se composait principalement de Russes; aujourd'hui ces hôtes frileux sont surtout des Anglais.

Des trois ou quatre ponts qui enjambent le cours du fleuve, un seul, celui du Milieu (*Ponte di Mezzo*), tout en marbre, offre un intérêt historique. C'est là qu'avait lieu une joûte annuelle entre les deux moitiés de la ville, chacune marchant sous sa bannière avec des uniformes différents. Les combattants n'avaient pour toute arme qu'une sorte de rame plate, du tranchant de laquelle il était défendu de frapper, et qui servait à repousser l'adversaire, sans le blesser. Cette lutte populaire, l'*Oplomachia*, comme on l'appelait, avait, dit-on, était instituée en souvenir de la résistance héroïque que les femmes pisanes, en l'an 1005, avaient opposée aux corsaires sarrasins, tandis que leurs maris étaient à l'extrémité de la Calabre, en train d'assiéger la ville de Reggio.

Sur ce quai sud de l'Arno nous rencontrons le palais communal avec sa halle ouverte (*loggia de' Banchi*) du rez-de-chaussée. Les amateurs de vieilles chartes poudreuses n'ont qu'à monter aux salles voûtées et écussonnées qui occupent le haut de l'édifice; ils pourront, dans ce riche dépôt, compulser à l'aise les quarante ou cinquante mille parchemins et cartons qui forment les archives de l'État. Depuis les noms de Richard Cœur de Lion et de Frédéric Barberousse jusqu'à ceux de Napoléon Ier et de Victor-Emmanuel, ils trouveront libellés dans ces pages vénérables et chancies toute l'histoire de la fière république.

Un peu plus loin, tout contre le parapet de la rivière, se présente à nous le plus gracieux monument de la cité : c'est Sainte-Marie-del'Épine, une miniature d'église, un bijou gothique, bâti en 1325 pour recevoir une épine de la couronne du Christ rapportée de Terre Sainte par un marchand de Pise. Plus loin encore, en conti-

PISE : SAINTE-MARIE-DE-L'ÉPINE.

nuant d'aller en aval, vers la *porta a Mare*, on arrive à une place herbue où se dresse l'imposante basilique de San Paolo. C'est contre ses murs, dit Boccace, que le fameux chancelier Pierre des Vignes, à qui l'empereur Frédéric II avait fait crever les yeux, se brisa volontairement le crâne.

PISE : SAN PAOLO.

IV

Entre Pise et la mer, aú milieu de ces forêts de pins dont nous avons aperçu la ligne sombre du haut de la Tour Penchée, il y a un site enchanteur dont le roi Victor-Emmanuel avait fait, depuis l'annexion de la Toscane, son district de chasse préféré : c'est la *Cascine* ou ferme de San Rossore. On y arrive de deux côtés par une belle avenue d'ormes et de peupliers, et du pavillon du veneur on peut rayonner à son aise à travers ce domaine cynégétique qui ne comprend pas moins de douze lieues carrées.

Fondée par les Médicis, dont elle continue de porter l'écusson, cette propriété renferme à la fois des terres labourées, des prairies et des bois.

Là, sous le couvert d'immenses pins-parasols, errent en liberté non seulement des animaux de grande et de petite vénerie, mais encore des milliers de chevaux et de bœufs à demi sauvages, que surveillent, comme dans la Campagne romaine, des pâtres montés. Les chameaux eux-mêmes sont depuis longtemps acclimatés dans ces parages; la *Cascine* compte tout un troupeau de ces mélancoliques ruminants à bosse, et l'un des plaisirs de prédilection des châtelains d'autrefois était de faire manœuvrer et courir sur des dromadaires harnachés de housses écarlates des serviteurs en turban et vêtus à la mode orientale : une vision telle quelle du désert dans ces vastes espaces sableux le long desquels déferle la vague.

De nos jours, le *vaccaro* de San Rossore n'est pas non plus un vulgaire berger. Il faut le voir, coiffé de son bonnet d'astracan, avec sa veste de drap vert foncé, agrémentée de galons et de grelots, son ceinturon de cuir où append le couteau de chasse, sa culotte à grandes guêtres ou ses bottes, parcourir son vaste empire forestier et jeter le *lasso* aux bêtes qu'il veut prendre. L'ensemble de l'exploitation comprend plusieurs bâtiments, à chacun desquels correspond une branche de travail.

Aux Cascines-Vieilles on s'occupe spécialement de la production et de l'élève de l'espèce chevaline ; à la Pineta on récolte les cônes de pin pour les faire sécher; c'est là aussi qu'est l'écurie des quarante chameaux domestiqués qu'on emploie comme bêtes de somme et de trait au service de la ferme. Plus loin est le chalet royal, ou *Gombo*, habitation simple et agreste, où tout est aménagé pour la pêche, la chasse et le plaisir des bains de mer.

De la plage, formée d'un sable fin, la vue s'étend, par un ciel clair, d'un côté sur le golfe de Gênes, qui déploie au nord ses sinuosités, de l'autre sur les montagnes de la Corse. Enfin, entre la ferme neuve et l'ancienne, a été disposé un vaste terrain pour servir à l'entraînement des chevaux : je doute qu'en aucun lieu du monde il puisse exister un plus beau champ de courses.

Le Serchio, qui borne au nord cette propriété de San Rossore, n'a pas eu toujours, paraît-il, son embouchure propre et à part Ptolémée dit que, de son temps, ce cours d'eau, qu'on appelait l'*Auser*[1], se jetait dans l'Arno près de Pise. Il fut ensuite repoussé vers le sud, et longtemps il y eut un marécage sur l'emplacement de son ancien lit.

Au XIIe siècle, pour la première fois, ce marécage, qui s'étendait jusqu'à la ville, se transforma en un foyer de pestilence. Dans les trois siècles suivants, le mal s'aggrava de telle sorte que beaucoup de localités de la région, auparavant florissantes, furent ruinées et se dépeuplèrent. Bientôt la fièvre envahit toute la plaine. A Pise même, au XVIe siècle, il y avait, entre Santa Maria et Faggianaja, tout un vaste quartier désert. Force fut alors d'aviser. Les communes reçurent l'ordre de creuser des canaux, de planter des arbres et des arbustes au bord des rivières. Ces efforts toutefois restèrent longtemps vains. Ce ne fut qu'au XVIIIe siècle que l'œuvre d'assainissement, mieux conduite, aboutit au résultat désiré. Depuis lors la culture s'est étendue et a prospéré; les districts délaissés se sont repeuplés, et le pays est redevenu aussi sain qu'il l'était il y a huit cents ans.

Nous verrons, au chapitre suivant, que, plus au sud, sur ce même territoire côtier de la Toscane, s'étendent encore d'immenses marais, nés aussi des rivières régionales, dont l'assèchement, bien qu'en bonne voie, n'est pas encore achevé.

1. Dans sa partie supérieure, l'*Auserculus* (le petit Auser), d'où, par contraction et adoucissement, *Serclus, Serchius*, puis *Serchio*.

V

Navigare necesse est, vivere non est necesse (Naviguer est nécessaire, vivre ne l'est pas) : telle est la devise de Brême, un des grands ports germaniques de la Hanse. Pise a pu expérimenter pour son compte la corrélation qui existe entre les deux termes de l'adage. Les îles de Caprée et de Gorgone n'ont pas eu besoin de s'ébranler pour former, selon le vœu de Dante dans l'*Enfer*, une digue à l'embouchure de l'Arno et engloutir les Pisans; le fleuve lui-même, je l'ai dit, s'est chargé de combler son estuaire de manière à ruiner la ville d'Ugolin, et, du jour où celle-ci, séparée de la mer par ces atterrissements successifs, n'a plus été une cité maritime, elle a en quelque sorte cessé de vivre, « parce qu'elle ne pouvait plus naviguer ».

Qui a hérité de sa fortune commerciale? Une pauvre escale de la lisière des Maremmes, qui n'était encore au XIIIe siècle qu'un village de quelques centaines d'habitants. Ce petit havre de Livourne (*Livorno*), où n'entraient primitivement que des tartanes, des lougres, des goélettes, a dû son premier agrandissement à Ferdinand Ier de Toscane. Grecs, Juifs, Maltais se sont mis à y affluer, et en ont peu à peu accru l'importance. Après avoir dépendu de Pise, il était passé aux Génois, et c'étaient ceux-ci qui, en 1421, l'avaient cédé aux Florentins.

Un tremblement de terre au XVIIIe siècle, une épidémie en 1804, voilà, ce semble, les plus sombres pages des annales de cette ville, qui est actuellement un des trois grands ports italiens, l'entrepôt de grains le plus actif de la péninsule, et un des points habituels de relâche des paquebots et des navires de grand cabotage entre l'Occident et le Levant.

Livourne est, sur la mer Tyrrhénienne, ce qu'est Trieste sur l'Adriatique, le Havre sur l'Océan, une ville de création toute récente, presque dénuée de patrimoine historique et d'avoir architectural. Elle représente avant tout le labeur moderne, l'esprit de spéculation et de mercantilisme. Occupée uniquement du présent, n'ayant point de racines dans le passé, elle n'a nulle raison de rêver aux choses d'autrefois. C'est une officine de négoce où chacun a sa tâche bien marquée, et, où, suivant l'adage anglais, chaque minute est une parcelle de monnaie. Étant donné le site où elle s'élève, il a fallu, en quelque sorte, la créer de toutes pièces, à grand renfort de travail et de patience. On a dû consolider le sol marécageux qui la porte, creuser les bassins qui donnent accès aux navires, tailler artificiellement la série de canaux au moyen desquels les denrées se peuvent débarquer à la porte même des magasins. Aussi tout un quartier septentrional de la ville, découpé littéralement en îlots, porte-t-il le nom significatif de Nouvelle-Venise. Outre la voie ferrée, un canal dérivé de l'Arno la met en communication avec Pise.

Bâtie en pierre dite *panchina*, roche marine en partie formée de coquillages, Livourne a des rues régulières et bien pavées. Au centre, la place d'Armes, que coupe le corso Victor-Emmanuel, l'ex-via Ferdinanda, large et belle artère qui est ici ce qu'est la Cannebière à Marseille, un laboratoire et une bourse en plein vent. Point d'édifices ni de musées qui attirent particulièrement les regards. Sur la place précitée, le Dôme et le palais du gouvernement; sur d'autres places, des statues de grands-ducs, voilà la part de l'esthétique à Livourne. Je me trompe : il y a un autre ouvrage d'art qui mérite d'être vu; mais celui-là est un travail tout utilitaire d'ingénieur; c'est le *Cisternone*, ou grand réservoir, qui abreuve toute la ville. L'onde potable y est amenée par un bel aqueduc qui a son point de dérivation à 20 kilomètres au sud-est, dans les montagnes de Colognola.

Tous les cultes sont représentés dans cette cité cosmopolite et marchande : Grecs, Arméniens, Arabes, Maronites, Juifs, Anglicans ont là leurs temples ou chapelles. La synagogue particulièrement est une des plus riches et des plus belles de l'Europe.

L'ancien port, assez profond, quoique sans cesse menacé d'atterrissements auxquels on obvie soigneusement, communique par un canal avec la Darse, bassin intérieur où n'entrent que des embarcations de faible tonnage, et dont l'entrée est fermée au moyen d'une chaîne. Un nouveau port, creusé récemment, reçoit les bâtiments de haut bord.

C'est au delà du Môle, projeté fort avant en pleine mer, que se trouve cet écueil de Meloria près duquel fut livrée, au XIIIe siècle, la bataille navale si funeste aux Pisans. La tour blanche qui se dresse au large sur l'îlot semble être là comme un témoin mélancolique des anciennes dissensions, chargé de rappeler et de faire sentir aux Livournais, ces parvenus du travail, la supériorité, incontestable malgré tout, de l'âge présent sur l'époque des Gibelins et des Guelfes.

CHAPITRE X

Dans les Maremmes. — Campiglia et la première zone paludéenne. — Coup d'œil sur la Toscane insulaire. — Phénomènes historiques d'envasement. — Les marais de Castiglione. — Grosseto. — Travaux d'assainissement. — La région d'Orbetello. — Mœurs et cultures. — Les *lagoni*. — Volterra; ruines étrusques.

I

C'est à 30 kilomètres environ au sud-est de Livourne que commence la région connue sous le nom générique de *Maremme* (campagne près de la mer). Elle mesure une étendue de 120 kilomètres de long sur 24 de large environ, soit 15 000 hectares de superficie, depuis les hauteurs de Rosignano jusqu'à la rivière Fiora, qui forme la limite méridionale de la Toscane.

Des plaines immenses, que sillonnent de petites intumescences pareilles aux vagues de la mer, des prairies submergées, d'inextricables fourrés de pins, de frênes, de chênes et de chênes-lièges, coupés çà et là de vastes clairières, de marais ou d'étangs à roseaux, d'énormes maquis (*macchie*) formés d'arbousiers, de myrtes, de bruyères, de genévriers, où errent d'innombrables troupeaux de moutons, de chevaux et de bœufs : tel est l'aspect général de ce district toscan séparé de la mer par un haut et triste cordon de dunes qu'a créé l'action ininterrompue du flot et des vents du large.

Ces terres, insuffisamment perméables, sur lesquelles les eaux se putréfient au soleil, sont le domaine redouté de la *malaria* (mauvais air). Si le gibier, lièvres, lapins, perdrix, sangliers, s'y reproduit avec une force étrange de fécondité, l'homme, en revanche, s'y étiole et y dépérit. L'atmosphère, chargée de miasmes, insinue la fièvre dans les tissus ; la chair se tuméfie par suite de l'appauvrissement du sang, et l'on meurt d'excès de lymphe.

Et pourtant le pays, abstraction faite de ces souffles délétères, est d'une fertilité incroyable. La chaleur, tempérée par les brises marines, y est moins accablante qu'à l'intérieur de la Toscane. Un proverbe italien dit : « Dans les Maremmes on s'enrichit en un an ; mais on meurt en six mois ». Il n'en a pas toujours été ainsi. Au temps jadis, cette région fut une des plus florissantes de la péninsule. Là s'élevaient deux des douze principales villes de l'Étrurie. De grands golfes, aujourd'hui clos par des langues de terre, découpaient toute la ligne du rivage. Des travaux de drainage, dont on a retrouvé les traces en construisant le chemin de fer, enrayaient les influences pernicieuses.

Le mal semble dater des dernières années de l'Empire romain. Les *Latifundia*, ou grandes cultures au moyen de troupeaux d'esclaves, en ont été la première cause. La menue propriété ayant disparu, le pays s'est insensiblement dépeuplé. Les petits lacs de la côte ont cessé de s'écouler vers la mer, sont devenus des flaques d'eau stagnante. Les invasions barbares, puis la déforestation des montagnes, les condottières, la peste noire, toutes les calamités politiques et sociales du moyen âge, sont venus ensuite coopérer à l'œuvre de dévastation et d'empoisonnement. Les alluvions des ruisseaux et rivières descendant de l'Apennin ont encombré de plus en plus les estuaires du littoral ; les lagunes n'ont cessé de se multiplier, et le marécage a fini par embrasser un tiers du pays.

Parcourons, je vous prie, à petits pas, cette région côtière sur laquelle le touriste, qui va en chemin de fer de Pise à Civita-Vecchia, se borne à jeter un regard distrait par la fenêtre entr'ouverte du wagon.

II

En sortant de Livourne par la *porte Maremmane*, la chaussée sur laquelle nous cheminons, et qui occupe en partie le tracé de l'ancienne voie *Aurelia*, ne semble d'abord en aucune façon conduire au royaume de la mort. Le pays est charmant; aux flancs des montagnes s'accrochent d'élégantes villas et de gracieux jardins; à droite, à peu de distance de la route, s'agitent les flots murmurants de la mer; au large, les îles de Gorgone et de Caprée, deux anciens repaires de pirates, élèvent au-dessus des flots leurs têtes nues. Bientôt on arrive à Castiglioncello, station fortifiée et poste de douane, dont les occupants ont fort à faire pour surveiller les innombrables contrebandiers de ces parages. Le terrain, formé de serpentine, prend ici une couleur de brique cuite; non loin de là en effet sont les fameuses mines de Monte-Catini.

De Castiglioncello on descend à Vado, une rade presque déserte aujourd'hui, mais qui était un port important au temps des Romains; puis on traverse le fleuve Cecina et la localité du même nom.

La plaine ici est toute dominée par de hauts fourneaux où l'on traite le minerai de l'île d'Elbe. Une ligne continue de hauteurs rétrécit brusquement l'horizon à main gauche. De ce côté apparaît un château : c'est celui de la Gherardesca, ancien fief du comte Ugolin, et actuellement encore, si je ne me trompe, propriété de la même famille. Au pied des monts, de vastes plantations de maïs et de pommes de terre, puis des oliviers et des vignes. Les champs s'étendent jusqu'aux dunes; le long de la route se montrent des fermes de métayers.

Enfin voici Campiglia; c'est là que nous entrons dans la Maremme proprement dite.

II

La première zone de pestilence commence en effet à la Cornia, rivière qui sort du demi-cercle de hauteurs dont les monts Calvi et Montieri — que le lecteur veuille bien regarder sur la carte — figurent les deux grandes échines. Elle se termine à la mer par l'étang de Piombino. A la marge nord-ouest du promontoire du même nom se dressait jadis la grande cité étrusque de Populonia, la *Populonia Mater* de Virgile, déjà ruinée du temps de Strabon. Ce n'est plus aujourd'hui qu'une bourgade de trois mille habitants, avec des restes de murs antiques. De l'autre côté de l'éperon péninsulaire, se recourbe le golfe de Follonica, fermé, au sud par le cap Troja, que doubla le pieux Énée, au nord par la pointe précitée de Piombino, que surmonte un vieux château fort. C'était au pied de ce castel que stationnaient les flottes pisanes; tout navire franchissant la passe toujours agitée qui sépare ici la terre ferme de l'île d'Elbe payait tribut à la république pour être convoyé par ses vaisseaux et protégé contre les pirates; en signe d'acquit, il recevait un *plomb* aux armes de Pise : de là le nom de Piombino donné à la localité qui commande à droite l'entrée du canal.

La Toscane insulaire, dont la plus grande terre est l'île d'Elbe, forme, je l'ai dit, le long de la côte, un semis d'intumescences pittoresques, qui commence un peu au-dessous de Livourne pour finir à la hauteur de l'embouchure de la Fiora. C'est d'abord l'îlot escarpé de Gorgone, que le lecteur a déjà entrevu au passage; ensuite vient Capraja, volcan éteint dont les rocs nus s'élèvent à près de 500 mètres; puis apparaissent posés comme des sentinelles, à la côte nord-est d'Elba, Cerboli avec sa vieille tour, et Palmajola, l'ancienne île des Palmes, avec son phare blanc.

L'île d'Elbe elle-même dessine au-dessus de la mer un grand massif de montagnes dont le pic principal, le monte Campana, n'a pas moins de 1016 mètres de hauteur, et qui, de tout temps, a été renommé pour ses richesses en cristaux et minerais. Elle projette vers le littoral toscan deux caps avancés, la pointe Calamita au sud, et celle della Vita au nord. Porto-Ferrajo, la capitale, sise au pied du mont Volterrajo, commande l'entrée septentrionale du canal. C'est là, dans le *Commando*, ex-habitation du gouverneur florentin, que Napoléon Ier résidait de préférence quand il n'était point à sa villa San Martino, bâtie dans la vallée même où Scipion Nasica eut, dit-on, un palais. La seconde ville de l'île, Porto-Longone, domine la passe au sud-est; c'est dans son port qu'on embarque les minerais traités, sur la côte opposite, aux fonderies de Follonica.

L'intérieur du pays n'est pas moins pittoresque que le littoral. Dans les vallées prospèrent le blé et le maïs; à l'olivier, à la vigne, au mûrier se mêlent l'oranger, le laurier-rose, l'agavé ou aloès d'Amérique, le figuier de Barbarie (*opuntia*) et le dattier aux rameaux lacérés.

Sur les hauteurs règne le maquis, et çà et là pointent les ruines sourcilleuses de castels où, lors des invasions barbares, les insulaires vinrent chercher un refuge. D'une de ces sommités, toutes les autres îles de l'Archipel tyrrhénien apparaissent comme des écueils à fleur d'eau. Regardez-en au sud la traînée : immédiatement sous nos yeux, voici Pianosa, où Agrippa fut jadis exilé ; plus loin, voici les Fourmis (*Formiche*), puis l'écueil granitique de Monte Cristo, résidence fictive d'un héros de roman ; Giglio, avec ses belles montagnes et son port qui date des Romains ; à côté d'elle enfin, Giannutri, le *Dianum* des Latins.

J'ai dit que les mines de fer de l'île d'Elbe, *Æthalie*, comme l'appelaient les Grecs, étaient déjà exploitées du temps des Étrusques. Sur les croupes du Volterrajo se dressait alors, outre une citadelle commandant au loin le pays, un temple consacré, assure-t-on, à la déesse de la guerre. Nous savons aussi par la légende que Jason et ses compagnons, en revenant de Colchide, abordèrent au port d'*Æa* (Porto-Ferrajo), pour s'y reposer et ravitailler. Ce fut là, sur le rivage, qu'ils virent Circé, la tante de Médée, en train de se purifier dans les eaux de la mer. Circé reçut même fort mal les conquérants de la Toison d'or, et il fallut que Junon et Iris s'en mêlassent pour que le navire *Argo* pût traverser le reste de la mer Tyrrhénienne, et gagner, de l'autre côté de l'Italie, l'île fameuse des Phéaciens, à savoir Corcyre (aujourd'hui Corfou), où régnait le roi Alcinoüs de classique mémoire.

Virgile, dans son *Énéide*, mentionne également Elba (*Ilva*), et nous dit que ses habitants soutinrent le héros troyen contre Turnus et ses Rutules.

Des Étrusques, l'île passa aux Romains, qui continuèrent d'exploiter activement les richesses inépuisables de son sol, et y fondèrent, entre autres villes, *Caput liberum* (Capoliveri), Agnone, Rio, Pedemonte (*Pomonte*). Au moyen âge, les pirates barbaresques ne manquèrent pas de l'envahir afin de la piller de leur mieux ; en 1103 Muscto le Sarrasin la conquit même, ainsi que la Sardaigne ; mais il ne la garda pas longtemps. Pise et Gênes se la disputèrent alors furieusement ; puis les Médicis et l'Espagne — celle-ci par l'intermédiaire des rois de Naples — y plantèrent leur drapeau, concurremment avec les princes de Piombino, substitués aux droits des Pisans, si bien que l'île eut trois maîtres à la fois. Aujourd'hui, aussi riche et aussi exploitée que jamais, elle n'est plus qu'une partie intégrante de la province italienne de Toscane.

Ni Populonia ni Piombino ne se trouvent sur le parcours de la voie ferrée. Celle-ci va en droite ligne, à travers l'épaisse forêt de pins qu'on nomme *tombolo* — autrefois un repaire de brigands, — de la station de Campiglia à celle de Follonica. A gauche, sur un haut plateau, à quatre lieues environ de la mer, se dresse la localité métallurgique de *Massa Maritima*, au moyen âge *Massa Metallorum*, ou *Massa-aux-Mines*, déjà puissante à l'époque d'Auguste sous le nom de *Massa Veternensis*. Des vingt mille habitants qu'elle avait, il ne lui en reste plus qu'un millier.

Une cathédrale romane du XIIIe siècle, des maisons d'une architecture imposante, aux fenêtres cintrées avec colonnettes, en font une sorte de diminutif de Pise ou de Florence. Au moyen âge elle avait étendu son trafic jusqu'aux grandes places de la Hanse et des Pays-Bas, envoyant partout les produits de ses usines métallurgiques. En 1346 Sienne la conquit; deux années après, la peste noire la dépeupla.

Comment s'est produit l'envasement de cette première région des Maremmes? Là, au temps des Romains, un golfe s'enfonçait dans les terres jusqu'aux collines de Campiglia. Au XVe siècle il était encore ouvert; l'ensablement avait fait peu de progrès; mais, aux XVIe et XVIIe siècles, un *lido* (langue de terre) s'avance du sud-est et clôt peu à peu l'échancrure. Au XVIIIe siècle, la communication se rétablit un instant; mais, à notre époque, la barre s'est reformée, et l'obstruction, aujourd'hui, est complète.

III

La deuxième région des *Maremmes*, et la plus dangereuse, est celle des marais de Castiglione. Là le touriste n'a qu'à jeter un simple regard autour de lui pour deviner ce qu'il en est. Une véritable forêt de roseaux s'étend sur les deux côtés de la chaussée de madriers, et de toutes parts on ne voit que de la bourbe. Grosseto, la capitale de ce fétide empire, est presque désert une partie de l'année. Malgré les travaux d'assèchement dont il sera question ci-après, la *malaria* y est telle en été et au commencement de l'automne, que la majeure partie de la population abandonne alors ses pénates pour se réfugier sur les collines et les avant-monts de l'intérieur.

Et pourtant, ce district, lui aussi, fut jadis renommé pour sa fertilité et son charme. Ce marais empesté de Castiglione n'est autre que l'ancien lac *Prelius*, dont Cicéron parle dans son plaidoyer pour Milon. Nul bassin n'était plus riche en poissons; tout alentour s'étendaient des jardins délicieux où nichaient les villas des riches Romains. Au milieu même du lac, sur un îlot, Clodius s'était fait bâtir une habitation. Jardins et villas ont disparu; mais, de leur emplacement, on a exhumé des statues, des objets d'art et divers ustensiles du bel âge étrusque.

Les fleuves côtiers sont ici la Bruna et l'Ombrone, deux vrais cours d'eau de montagne, qui, après un bref voyage dans la plaine, réunissent leurs ondes près de la mer. Le premier sort du lac apennin d'Accesa, et, dans son trajet de 56 kilomètres, reçoit une quantité d'affluents, tels que la Sovata, la Zanca, la Cassia, le Raspollino, la Fossa, puis de nombreux canaux, entre autres ceux de San Leopoldo et de San Rocco, chargés de remplir le rôle d'émissaires. L'Ombrone, plus méridional, vient des vineuses vallées siennoises de Chianti; sur un cours de 124 kilomètres, il rallie l'Arbia, la Merse et l'Orcia, et passe près de Poggio Cavallo, à une lieue à l'est de Grosseto.

Dans cette zone se dressait, à l'époque étrusque, la florissante *Rosellæ* dont il subsiste des vestiges de murailles au sommet d'une colline abrupte. Là, comme près de Piombino, une baie entaillait primitivement le littoral. Déjà cependant, au temps de Cicéron, l'Ombrone avait créé au large une langue d'alluvion.

Au IXe siècle, Grosseto est fondé, et bientôt les gens de Rosellæ, pour se soustraire aux déprédations des bandits régionaux, émigrent dans la ville nouvelle, où l'épiscopat est aussi transféré. Jusqu'alors le pays semble sain. Au XIVe siècle seulement, les habitants commencent à se plaindre de la façon défectueuse dont le lac communique avec la mer. Au siècle suivant, l'écoulement est rétabli; mais des marécages ont pris naissance sur le littoral, et la *malaria* se déclare. La mortalité devient telle que le gouvernement, pour favoriser le repeuplement du district, est obligé d'accorder une immunité d'impôts et des privilèges. Dans les âges suivants, l'Ombrone reprend son œuvre d'obstruction; un banc ferme peu à peu le bassin; le terrain s'envase entre le fleuve et la mer, et sur ce sol se développent des plantes paludéennes dont la décomposition accroît d'autant les propriétés morbifères de l'air ambiant.

IV

Les travaux d'assainissement du littoral de Grosseto, commencés au XVIe siècle par les grands-ducs de Toscane, puis abandonnés par la suite, ont été repris à notre époque au moyen de la méthode qu'on nomme *colmatage*.

Le système consiste à diriger sur un point donné l'afflux des eaux limoneuses, afin que leurs dépôts exhaussent peu à peu le terrain. La nature elle-même, en certains pays, se charge d'accomplir cette besogne : c'est ainsi que le Rhône supérieur, à sa sortie du Valais, a spontanément colmaté par ses alluvions séculaires une partie de la plaine vaudoise qui s'étend de Bex au Léman. Mais, en Toscane, le même résultat est obtenu artificiellement. A toutes les crues, les ondes des rivières et ruisseaux venant des montagnes sont reçues dans de puissants canaux qui les distribuent par le marécage, divisé en compartiments ou zones. Là elles se débarrassent de leur vase et ressortent ensuite clarifiées. On empêche en outre, au moyen de vannes, la communication avec la mer, pour obvier au mélange pernicieux des eaux douces et des eaux salées.

Si jamais vous allez à Poggio-Cavallo, la localité que j'ai citée plus haut, vous y verrez une superbe écluse qui livre passage par huit ouvertures aux flots dérivés de l'Ombrone. En quinze ans, le colmatage d'une zone est chose faite. On endigue alors le cours d'eau, et la végétation se développe sur le sol ainsi exhaussé. Déjà, par ce procédé ingénieux, de vastes espaces ont été assainis et mis en culture; le marais de Castiglione a diminué de moitié environ.

L'assèchement néanmoins est loin d'être complet. Une grande flaque d'eau a résisté à tous les efforts, et aux alentours s'étend encore une région de marécages subdivisée en *valli* par des digues. Aussi, de Follonica à Grosseto, le chemin de fer de Civita-Vecchia décrit-il, afin d'éviter les marais, une grande courbe par Monte Pescali, et ce n'est qu'après avoir traversé l'Ombrone qu'il se rapproche du rivage de la mer, pour ne plus le quitter qu'aux abords de Rome.

V

Nous voici arrivés, de ce pas, à la dernière région des Maremmes, celle d'Orbetello. Outre la lagune salée de ce nom, l'ex-*Parvum Mare* des Romains, devenu aujourd'hui une flaque d'eau stagnante, cette zone comprend les marais plus petits de Machiatonda, de Cagnacci, de Tagliata, puis les lacs de Burano, de San Floriano et de Nizzi. Elle a pour bornes : au nord l'Albegna, que le train franchit en approchant d'Orbetello ; au sud la Fiora, qui limite de ce côté la Toscane ; à l'est les collines de l'Apennin jusqu'au pied desquelles s'étend le marécage ; à l'ouest la mer et le Monte Argentaro.

Primitivement ce promontoire de Monte Argentaro était une île, et un écrivain classique dit en avoir fait le tour en bateau ; aujourd'hui deux *lidi* étroits le rattachent à la côte, enfermant le marais d'Orbetello entre leurs branches qui divergent en forme de V. Sur un troisième pédoncule intermédiaire, partant de la terre ferme et s'avançant dans l'étang marin, est la petite ville d'Orbetello, peuplée de cinq mille habitants environ. Au pied sud du promontoire se trouve le port d'Hercule (*porto Ercole*) dont parle Strabon. Tout ici, non moins que plus haut, reporte la pensée du touriste vers l'âge fabuleux où vivaient les héros chantés par les aèdes et les poètes. Les souvenirs étrusques, grecs et latins abondent tout le long de la route ; ils s'accrochent aux pentes de chaque colline, se détachent de chaque éperon du rivage, nichent en quelque sorte dans la moindre anfractuosité de rocher.

Au XVIe siècle encore, Orbetello était une ville florissante et salubre; aux environs, point de marécage; puis, ultérieurement, le pays s'empesta. L'œuvre de *bonificamento*, comme on dit en Italie, se poursuit aujourd'hui de ce côté jusqu'à la rivière Fiora, cours d'eau issu des réservoirs du gigantesque Amiata. Peut-être, à force de drainage, de colmatage, de culture, arrivera-t-on à rendre, un jour, à cette portion de l'antique Étrurie son climat et son aspect primitifs. Quelques-uns en doutent cependant, prétendant que la besogne d'assainissement sera toujours à recommencer. Çà et là, il est vrai, quelques charbonnières et des fermes ont surgi; mais les habitants sont encore clairsemés.

En général, dans la Maremme du Nord, on ne trouve guère de grandes propriétés foncières. Les exploitations domaniales qu'on désigne sous le nom de *fattorie* y sont très éloignées l'une de l'autre. C'est dans ces habitations que demeure le fermier avec sa famille. Les gens n'y vivent pas mal; la saison fraîche est assez agréable; en revanche, dans les mois chauds de l'année, beaucoup y laissent leur santé.

Le marais alors se dessèche; la *malaria* monte et s'étend. Quiconque le peut émigre en toute hâte; mais le fermier, lui, est contraint de rester; la moisson est là sur pied qui attend et réclame les bras des travailleurs. Ceux des tâcherons qui échappent à la fièvre demeurent pâles, tristes et décharnés. Il en est de même des ouvriers qui résident dans la futaie ou le maquis, habitant des cahutes de troncs d'arbres qu'ils se sont bâties de leurs mains. Leur besogne principale, à ceux-là, consiste à faire du charbon ou à fabriquer de la potasse en lessivant la cendre des chênes dont on a brûlé les racines et les troncs.

Ajoutons que les cultures, ici, n'alternent pas selon le système romain en usage dans l'Italie centrale, à savoir deux années de céréales, puis un an de jachère, pour reposer le sol. Dans ces régions malsaines on ne fait de céréales que tous les trois ou quatre ans; tout le reste du temps, la terre est utilisée en pâtis où paissent, dans la saison fraîche seulement, des troupeaux venus des monts d'alentour et même du grand massif apennin. La migration est réglée d'après une coutume immémoriale. En automne, les bêtes arrivent en longues files, quelquefois des milliers de têtes d'un coup, avec les pâtres et les ustensiles.

Ce sont ces nomades qui peuplent surtout la Maremme en hiver. L'été, survient, comme dans la Campagne romaine, un ban de *pigionali* auxiliaires qui s'adonnent aux travaux de la moisson; parfois on en compte jusqu'à douze mille. En peu de semaines, ces pauvres gens ramassent un gros pécule, qui ne laisse pas, hélas ! de leur coûter cher.

Eux partis, la plaine entière redevient silencieuse et déserte jusqu'à l'automne. Alors apparaît le clan annuel des bûcherons et des pâtres, car toute la partie du pays qui se trouve au pied des montagnes contient, je le répète, de superbes forêts de pins odorants. Ces neuf ou dix mille hôtes nouveaux s'en retournent au commencement de l'été, et, avec eux, émigrent également des milliers de bourgeois de Grosseto.

Une essence à l'aide de laquelle on a essayé d'assainir les Maremmes, c'est l'*Eucalyptus globulus* d'Australie. En 1868 un couvent de trappistes s'établit dans la Campagne de Rome, à 3 kilomètres de la porte d'Ostie, sur la plaine des Tre Fontane, localité où il y avait alors tant de miasmes qu'on l'avait surnommée *la Tomba*. Quiconque y passait une nuit seulement était sûr d'y gagner la fièvre. Aussi, pendant les trois premières années, les moines allaient-ils coucher, chaque soir, à Rome. Des travaux de drainage y furent entrepris, et en 1870 on planta trente pieds d'eucalyptus. Trois ans après, une amélioration sensible s'était produite ; le sous-sol commençait à sécher.

On continua les travaux; néanmoins, jusqu'en 1873, douze moines furent enlevés par la *malaria*. Le gouvernement autorisa alors les trappistes à se constituer en société agraire, et, dans cette vue, leur assigna vingt-huit hectares de terre. Dès ce moment, les plantations d'eucalyptus furent faites d'une façon régulière, et en 1878 les moines reçurent de nouveaux terrains, à la condition d'y introduire cent mille arbres de la même espèce. Au bout de deux mois il y en avait déjà deux milliers; en 1880 la direction des chemins de fer romains en avait fait établir dix mille le long de sa ligne, et l'heureux résultat de cet essai donna l'idée de le renouveler en Toscane.

L'avenir montrera d'une manière plus certaine ce qu'il faut attendre de l'innovation.

VI

Rétrogradons maintenant vers le nord, presque jusqu'à la hauteur de Livourne, pour jeter un coup d'œil sur les ruines étrusques de la vieille Volterra, jadis une des douze villes de la confédération des Lucumons.

On l'aperçoit de bien loin, haut perchée sur un âpre plateau de montagne, entre la Cecina et l'Era. La route carrossable qui file le long de ce dernier cours d'eau, entre des champs et des oliviers, s'élève en lacets successifs jusqu'au point culminant, sis à 500 mètres au-dessus de la vallée. C'est donc une cité toute aérienne, d'où le regard plane, au sud-ouest, jusqu'à l'île d'Elbe.

La contrée d'alentour, vue de là, n'a rien de gracieux ; c'est une zone ravinée et nue, entièrement formée de coulées de lave ; le sol offre l'aspect d'un océan terne et gris dont les vagues se seraient brusquement figées ; mais ce qu'il y a de plus curieux, ce sont les dégagements de vapeurs gazeuses qui s'échappent des « terrains ardents » de la région, et qu'on désigne sous le nom de *suffioni*.

Si, au lieu de franchir l'Apennin par le chemin de fer de Pracchia, nous avions, au début de notre voyage, pris la route de voitures qui traverse le col de Pietramala, nous aurions pu, le soir, près de ce village même, apercevoir des feux jaunâtres s'élevant du flanc de la montagne et ondulant d'une manière fantastique au souffle du vent. Ces flammes plus ou moins vives, selon l'état de l'atmosphère, sont dues à des émanations de gaz hydrogène carburé qui sortent spontanément des fissures du sol rocheux et stérile. Volta, le grand physicien, qui vint en 1780 étudier sur place ce phénomène, l'attribuait à la décomposition de matières végétales, de forêts entières, englouties jadis par des éboulements, et dont la fermentation séculaire au sein de l'Apennin engendre ces bulles d'air inflammable. En certains autres endroits de la crête, près de Barigazzo par exemple, là où passe la chaussée de montagne de Modène à Pistoie, les dégagements de gaz, au lieu de se produire à sec, se font au milieu de nappes d'eau stagnante et donnent ainsi naissance à ce qu'on nomme des

« fontaines ardentes ». La température en est telle parfois qu'on a pu établir un four à chaux sur l'orifice de sortie des feux.

Les *suffioni* de la région volterrane sont d'une nature un peu différente, mais non moins curieuse. Il en existe sept groupes distincts, peu éloignés l'un de l'autre. A distance on discerne d'abord un gros nuage blanc qui semble planer immobile sur une certaine étendue de terrain; puis, à mesure qu'on se rapproche, les formes vaporeuses s'accusent mieux ; on s'aperçoit qu'un mouvement inces-

SUFFIONI.

sant les agite, et l'on sent, de plus en plus, une odeur fétide d'hydrogène sulfuré. Avancez toujours : un bruit étrange se fait entendre dans l'intérieur du manteau de brumes; l'air qu'on respire devient tiède et acide, et bientôt la vapeur ambiante s'épaissit tellement que l'on ne distingue plus rien devant soi. Le sol, humide et glissant, semble corrodé et ramolli par l'action de l'acide. Ici c'est un ruisseau d'eau chaude, contenant en suspension une matière argileuse et blanchâtre ; là c'est une petite mare couverte d'écume ; ailleurs, un amas de boue brûlante.

Enfin on atteint les *lagoni*, petits étangs de quelques mètres de diamètre à la surface bourbeuse desquels s'opèrent les grands dégagements de gaz et de vapeurs appelés *suffioni*. Le phénomène se présente sous l'aspect de bulles qui se succèdent en crevant avec fracas et en projetant une gerbe d'eau bouillante. Outre ces jets naturels, il en existe d'artificiels qu'on a obtenus en forant des puits artésiens. L'eau qui afflue par les orifices en même temps que les gaz est chargée de divers sels de soude, de potasse, de chaux, de

EXPLOITATION DE M. LARDEREL.

magnésie, d'ammoniaque; de plus elle tient en dissolution de la silice libre, et entraîne également une certaine quantité d'acide borique.

Est-ce de ces fumerolles que Lucrèce veut parler dans le sixième livre de son poème *De la Nature des choses* (*De Natura rerum*)? Toujours est-il que les *lagoni* restèrent, sinon ignorés, du moins inexploités entièrement, jusqu'à la fin du siècle dernier. Alors seulement, un Français, M. Larderel, qui était établi à Livourne, eut l'idée de recueillir et d'utiliser au profit de l'industrie ces gaz riches en acide borique.

Pour cela il fit creuser, autour des orifices d'échappement, des bassins artificiels où le précieux acide pût se dissoudre et s'accumuler, et il supprima en outre toute dépense de combustible en se servant d'appareils d'évaporation chauffés par les émanations mêmes du sol. Dès lors une grande et prospère industrie, occupant plusieurs centaines d'ouvriers, se trouva créée dans une région naguère encore pauvre et déserte. Aujourd'hui il existe autour de Monte Rotondo, entre Massa Maritima et Pomarance, une douzaine d'établissements donnant ensemble chaque année près de 1 500 000 kilogrammes d'acide borique, dont la majeure partie est exportée en Angleterre [1].

Non loin de là, et toujours près de Volterra, sont les mines de cuivre de Monte Catini, exploitées déjà du temps des Étrusques, et dont les vastes fonderies, aux fourneaux sans cesse allumés, fournissent leurs produits au monde entier. Tout à côté gisent les salines du Val Cecina, non moins riches en leur genre et non moins renommées, et d'où un chemin monte à Volterra, le long des carrières d'albâtre.

VII

Volterra, la vieille Velathri, où naquit Perse le satirique, joua encore un certain rôle au moyen âge, alors qu'elle était une république indépendante; aujourd'hui ce n'est plus qu'une bourgade, qui ne doit un reste de vie qu'aux richesses géologiques du massif subapennin où elle est située et que je viens de faire connaître au lecteur.

Le moyen âge y est représenté par la place où se dressent la cathédrale, l'hôtel de ville, le palais de justice, et une construction gothique qu'on nomme le palais des Topi. Tout alentour, dans les rues étroites et les *costarelles* qui montent et descendent, d'autres palais, quelques-uns encore munis de leur tour, se dressent d'un air

1. Le borax qu'on en tire sert comme fondant en métallurgie, et l'acide borique est employé en outre pour obtenir l'émail dans les fabriques de faïence et de porcelaine.

menaçant vers le ciel. L'un d'eux, le palais Viti, à grands bossages, est devenu un théâtre dédié à Perse; quant à la maison du poète latin, qui mourut en l'an 62, à peine âgé de vingt-huit ans, elle n'existe plus.

VOLTERRA : LE CAMPANILE.

Sur le point culminant du plateau, d'où l'on voit, par un temps froid, fumer les usines et les *soffioni* d'alentour, s'élève la citadelle, du XIVe siècle, aujourd'hui convertie en prison. A l'ouest, en dehors de la ville moyen âge, mais toujours dans l'enceinte étrusque, se présente un autre amas de vieux édifices, chapelles, églises, maisons mal conservées. Voici, par exemple, la grande église San Giusto, et, plus loin, sur une croupe, tout au bord de l'abîme, l'abbaye de San Salvador (la Badia). Là le plateau s'effrite peu à peu, rongé par les eaux souterraines, et, à chaque instant, un pan de la montagne s'écroule au fond de la vallée.

Sans les guerres du moyen âge qui ont détruit une grande partie de ses murailles cyclopéennes, Volterra resterait sans doute comme un exemplaire à peu près parfait de vieil *oppidum* tyrrhénien. Ce qui

CITADELLE DE VOLTERRA.

en survit constitue encore un échantillon saisissant de la robuste architecture des Étrusques. On voit que l'ancienne enceinte de la ville contournait toutes les arêtes des collines, sur un circuit de deux lieues et demie environ, et au-dessus de précipices parfois effrayants. On se demande comment les constructeurs ont pu hisser, jeter en équilibre en haut de ces crêtes et dans ces gorges boueuses des masses aussi colossales. Un seul de ces blocs, posés en assises régulières sans ciment, mesure jusqu'à six mètres de long.

Le fragment de mur le plus remarquable est l'énorme agencement de roches qui soutient actuellement la terrasse de l'ex-couvent de Santa Chiara. Plus curieuses encore sont la *porta dell'Arco*, jadis porte d'Hercule, dont la voussure est ornée de trois grosses têtes en relief, et la nécropole étrusque, qui se trouve à mi-côte.

MURS ÉTRUSQUES DE VOLTERRA.

Les chambres sépulcrales dont cette dernière se compose sont creusées dans l'albâtre; mais les tombes en ont été depuis longtemps dépouillées et violées; on n'a laissé que quelques monuments funéraires, pour la satisfaction du touriste; encore prétend-on qu'on y a mis des ossements d'emprunt.

C'est aux Offices de Florence ou au musée étrusque de Volterra (*Municipio*) qu'il faut aller contempler les épaves de l'art étrusque provenant des fouilles faites dans ces hypogées et aux environs : urnes funéraires, vases, statuettes, ustensiles de toute espèce, candélabres et monnaies. Les inscriptions sont nombreuses et offrent un beau champ aux amateurs de déchiffrement. Les bas-reliefs figurent soit des pompes religieuses, des cérémonies funèbres, soit de fastueux banquets, soit des scènes de l'*Iliade* et de l'*Odyssée*. Les costumes sont superbes. Les statues représentent les défunts : ici, un aruspice, reconnaissable à la boule d'or qu'il tient à la main (c'était aussi, chez les Etrusques, le signe distinctif du patriciat); là, une femme qui se regarde au miroir métallique et porte un éventail à plumes. Je ne parle pas des bijoux d'or, des objets de bronze, des armes, des vases de terre.

Presque tous les sarcophages sont en albâtre, sorte de plâtre cristallisé, translucide et tendre, qui ressemble au marbre statuaire, et qui abonde dans cette région de la Toscane. Aussi, de tous temps, les Volterrans ont-ils excellé à travailler ce genre de pierre. Leurs statues, leurs vases et leurs bas-reliefs trouvaient des acheteurs dans toute l'Italie et même en Grèce. Cette industrie s'est transmise de père en fils à travers les siècles dans la vieille cité. Des familles entières s'y vouent à la confection de vases, coupes, chandeliers, statuettes, socles et corps de pendules; pendant que le père exploite les carrières, les fils sculptent l'albâtre au logis. Chaque fabricant a chez lui son *musée*, c'est-à-dire la collection de ses œuvres, qu'il montre orgueilleusement au visiteur. On cite des marchands de Volterra qui sont allés débiter leurs produits aux Indes et en Amérique, et qui en sont revenus millionnaires.

D'autres ruines étrusques se rencontrent plus au sud, dans la région qui s'étend du mont Argentaro à Viterbe.

C'est d'abord, à deux lieues d'Orbetello, le squelette de cette Cosa qui, dans la légende virgilienne, envoya mille auxiliaires à Énée. Jadis une des villes les plus fortes de l'Étrurie, elle était encore habitée à la fin du moyen âge. Il n'en reste plus que quelques tours rectangulaires au sommet d'une colline. Plus à l'est, dans les vallées de l'Albegna et de la Fiora, sont les restes de Saturnia, de Soana, de Toscanella. Là encore, on a exhumé des tombeaux étrusques taillés

VOLTERRA : PORTA DELL'ARCO.

dans le roc, avec des figures de divinités marines et de curieuses moulures.

Dans la même région, à Vulci, il y a une soixantaine d'années, un bœuf en labourant enfonça la voûte d'une chambre sépulcrale, où l'on découvrit des vases admirables. A Corneto (ancienne Tarquinies), sur la rive droite de la Marta, à deux milles de la côte, on a mis à jour une nécropole qui ne renferme pas moins de 2000 tombeaux, avec des murs décorés de toutes sortes de peintures religieuses et profanes. Je ne dis rien des trouvailles faites dans la région qui avoisine immédiatement Rome, à Cerveteri (Cœre), à Falériies, à Véies, à Castel d'Asso : cette excursion archéologique à travers une civilisation auprès de laquelle l'âge des Césars n'est déjà plus de l'antiquité, nous entraînerait trop loin de cette terre toscane qu'il faut que nous achevions de visiter.

CHAPITRE XI

D'Empoli à San Giminiano. — Un vieil *oppidum* féodal. — Arrivée à Sienne. — Histoire d'une cité gibeline. — Sur la *piazza del Campo*. — Dômes, églises et palais. — La fontaine Branda et les *Bottini*. — Sainte Catherine de Sienne. — Silhouette de ruines.

I

Vous souvient-il, par hasard, d'une station du chemin de fer de Florence à Pise, où l'on est parfois obligé d'attendre plusieurs heures le départ du train de Sienne? C'est Empoli, une toute petite ville, où s'arrêtent, je crois, bien peu de touristes, et qui, pourtant, mérite d'être vue. C'était jadis le grenier principal de toute cette région de l'Arno. L'histoire nous apprend qu'au XIIIe siècle les Gibelins toscans, après leur victoire de Monte Aperto sur les Guelfes, agitèrent la question de détruire Florence et de la rebâtir à Empoli, comme les Romains autrefois avaient délibéré un moment sur le transfert de Rome à Véies. L'opposition d'un chef gibelin, Farinata degli Uberti, qui devait être bientôt exilé à son tour, empêcha l'exécution du projet.

Ce gros bourg manufacturier d'Empoli possède, entre autres curiosités, un campanile qui rappelle celui du Palais-Vieux de Florence, une *piazza* entourée d'arcades, des palais en marbre rose, et deux églises, la Collégiale et San Stefano, ornées de quelques peintures remarquables.

Trois voies ferrées conduisent, on le sait, des rives de l'Arno à celles du Tibre. L'une est le *railway* de Pise à Civita Vecchia, autour duquel nous venons de rayonner, et qui suit, le long de la mer, l'itinéraire de l'ancienne voie *Aurelia*; la seconde, la plus orientale, est le chemin d'Arezzo et du lac Trasimène, lequel rejoint à Foligno en Ombrie le tracé de l'ex-*via Flaminia* et la ligne d'Ancône et de l'Adriatique; la troisième enfin est la voie centrale de Sienne et d'Orvieto, qui se raccorde à la ligne précédente à Orte, au seuil même des monts de la Sabine. C'est sur cette dernière que, partant d'Empoli, nous allons nous engager pour l'instant.

Au travers d'un paysage des plus pittoresques, le train, à l'aide de

EMPOLI.

viaducs et de tunnels, nous emporte, en montant d'une vallée à l'autre, entre des revers de montagnes couverts de vieux castels et de villages. La rivière que l'on côtoie dans ce trajet est l'Elsa, un affluent de gauche de l'Arno.

Au bout de trois quarts d'heure environ, on arrive au bourg de Certaldo, que Boccace habita, et où il mourut en 1375. C'est à cette station qu'il faut descendre, si l'on veut — et on doit le vouloir — pousser une excursion en voiture (à pied, ce serait encore préférable) jusqu'au vieil *oppidum* féodal de San Giminiano.

Il n'est point, je crois, dans toute l'Italie, une silhouette de cité plus bizarre que celle que présente à l'œil cette ex-commune souveraine. Le voyageur qui l'aperçoit de loin sur sa cime, au milieu d'un écheveau de collines qui ont l'air de jouer à cache-cache, se frotte tout d'abord les yeux de surprise. Figurez-vous un hérissement de hautes tours carrées, énormes, sévères, qui, suivant les inflexions de la route et les changements de point de vue qui s'en suivent, tantôt semblent se grouper en faisceaux, tantôt au contraire s'éparpillent

CERTALDO.

et se détachent en tournoyant, pareilles à ces géants des forêts dont les fûts mouvants dominent le sous-bois.

Pour être moins fantastiques, au fur et à mesure que l'on s'en rapproche, ces vénérables échauguettes prennent, en revanche, un air de plus en plus menaçant et rébarbatif. Le touriste déjà ferré sur l'histoire, qui sait que ces tours, au moyen âge, flanquaient autant de *palazzi*, étaient un privilège de la noblesse, un symbole de suprématie sociale, devine tout de suite que cette petite ville, une minuscule république d'autrefois, a dû prendre son honnête part des que

SAN GIMIN ANO.

relles politiques que nous connaissons. Encore ce fourmillement de donjons n'est-il qu'une simple épave de ce qui existait au vieil âge. A la fin du XVIe siècle, alors que San Giminiano n'était déjà plus qu'une nécropole, vingt-cinq *torri* étaient debout encore. La moitié ont disparu depuis lors : ce qui n'empêche pas les douze ou quinze qui survivent de figurer au front de la cité, en se mariant aux tours rondes de l'enceinte à peu près ruinée et à des campaniles d'églises dont l'aspect est à peu près le même, une couronne féodale du caractère le plus imposant et le plus étrange.

Franchissons les remparts extérieurs et avançons-nous jusqu'à la grande place de la Citerne, l'ex-forum de la république. Nous voici au cœur de la citadelle, sous l'ombre même de ces tours massives. Celle-ci, entre autres, qui forme l'appendice du palais de l'Horloge (où se tenaient les assemblées communales) a plus de 50 mètres de hauteur. On l'appelle la *Rognosa* (la Rogneuse, la Galeuse), et elle mérite bien son nom. C'est la seule dont le couronnement soit resté complet. A côté d'elle se dresse le donjon des Ardinghelli. Presque toutes sont groupées dans la première enceinte, au quartier habité jadis par les nobles.

Des trente-quatre églises que possédait anciennement la ville, il en subsiste une demi-douzaine. L'une, la Collegiata (église Collégiale), est un édifice à trois nefs du XIIe siècle, restauré au dehors. Des fresques des XIVe et XVe siècles y représentent, en une pompeuse enluminure, le paradis, les hiérarchies célestes, saintes, anges, vierges, martyrs, apôtres, papes, évêques, tous et toutes en extase : c'est l'ouvrage du Siennois Taddeo. En face de cette peinture, nous retrouvons l'enfer, avec ses démons torturant les damnés, sciant la langue aux blasphémateurs, fustigeant les gourmands, ou bien, sous forme de serpents, enlaçant et mordant les coupables : toujours cette invention inouïe de supplices où se complaisait l'art du temps.

Une autre église, Sant'Agostino, qui s'élève au nord de la ville, au milieu d'un enclos en friche et désert où se trouvait jadis un monastère, possède également d'importantes peintures, notamment de ce Benozzo Gozzoli, dont nous avons déjà apprécié la manière. Quelques palais sont aussi d'un style remarquable. Pour les carrefours et les rues, ils plongent de toutes parts, comme à l'aventure, sur les précipices.

Une curiosité de cette cité de montagne, ce sont ses fontaines. La principale, située au bas d'un sentier à pic, se compose de six arches en plein cintre reposant sur des piliers trapus. L'ensemble forme deux petites nefs qui se reflètent dans un lavoir admirablement encadré : le tout placé au fond d'une ravine et adossé à des rochers où les femmes viennent emplir leurs amphores, laver et tordre leur linge en jasant.

SAN GIMINIANO : PLACE DE LA CITERNE.

La Pompéi du moyen âge, comme on a surnommé *San Giminiano*, a pour patronne sainte Fina, dont on voit la chapelle à la Collégiale et le portrait au palais communal. Au XVe siècle la cité eut, ne vous en déplaise, son Virgile en la personne du poète Mattia Lupi, et son *Énéide*, les *Annales geminiacenses*, où il est dit en vers que la ville fut fondée par le troyen Silvius, le père du « fidèle Achate ».

Feuilletez, si le cœur vous en dit, cette chronique : vous y

SAN GIMINIANO : LE PALAIS COMMUNAL.

trouverez une histoire horrifique de bouleversements guelfes et gibelins, ni plus ni moins qu'à Florence ou à Pise : triomphes d'un jour, défaites aussitôt réparées que subies, va-et-vient interminable de vainqueurs et de vaincus. Pendant des siècles, des flots de bannis

PORTA DEL CASTELLO.

sortent par une porte pour rentrer par l'autre. Notez que la ville et son territoire, même aux plus beaux jours, comptaient au plus douze mille habitants.

Ces tempêtes dans un verre d'eau se grossissaient de mille souffles étrangers, venant de Florence, de Sienne ou d'ailleurs.

Même après la grande peste de 1648, qui rafla les deux tiers des Sangiminiens, les luttes continuèrent de plus belle : il restait juste assez de monde pour que le combat ne finît point faute de combattants. Nul arbitrage n'y put rien : les puissantes familles du petit bourg, flanquées de leurs clientèles respectives, devaient se colleter jusqu'à extinction. Or, au milieu du XVIe siècle, cette extinction paraît un fait à peu près accompli, car la population de l'orageuse cité n'est plus alors que de trois mille âmes. Cette fois encore, comme dit l'Ancien, la solitude fit la paix.

Quand Florence eut mis la main sur San Giminiano, elle se dépêcha d'y bâtir une citadelle pour y loger le châtelain commandant en son nom; puis, quand les Médicis furent maîtres de Florence, cette citadelle leur parut dangereuse, et ils se hâtèrent de la démanteler : c'était en 1555. De ce castel, nommé la *Rocca*, il ne reste plus aujourd'hui que des débris, sur un petit plateau sauvage derrière la Collegiata. Reptiles et hiboux peuvent loger à loisir dans ces vieilles pierres effritées, à l'assaut desquelles les plantes grimpantes montent chaque jour plus victorieusement.

Quant aux petits-fils des belliqueux Giminianesi, ils ne songent plus qu'à vendre le plus cher possible leurs fromages gras et leurs laines; seul le touriste entiché de chroniques poudreuses, de vétustes castels et de sites étranges s'obstine encore à rêver de l'âge passé et des farouches podestats disparus, tout en dégustant son café dans une maison à *loggia*, à colonnes et à fenêtres ogivales, qui n'a plus, de la forteresse, que l'aspect.

II

De San Giminiano on peut revenir prendre le chemin de fer à la station de Poggibonsi, et, quelques minutes après, au sortir d'un tunnel, on aperçoit à main droite, sur une colline à plans étagés, une autre vieille cité environnée de murs : c'est Sienne.

Cette ex-dominatrice des hautes vallées sises entre l'Arno et l'Ombrone sanese a été, au moyen âge, la rivale la plus redoutable de Pise et de Florence. Est-elle d'origine étrusque? Nul vestige d'antiquité ne l'indique. Nous savons seulement que, du temps d'Auguste, elle comptait au nombre des *Colonies* italiennes, souvenir dont elle est restée fière, et qu'elle a entendu perpétuer, je suppose, en plaçant dans ses armoiries la Louve qui nourrit les jumeaux Romulus et Rémus.

Plus tard, au XIIe siècle, on la trouve, elle aussi, constituée en république. Dans les luttes du Sacerdoce et de l'Empire elle est, comme Pise, une ardente gibeline, ce qui n'empêche pas son territoire d'avoir donné le jour au terrible Grégoire VII, ce représentant par excellence des revendications de l'Église, puis à Alexandre III, le chef de cette Ligue lombarde qui humilia si bien Frédéric Barberousse. Dante, disons-le en passant, ne traite pas les Siennois mieux que les Pisans : il leur reproche surtout leur vanité, « qui l'emporte même sur la vanité des Français », dit-il au chapitre de l'*Enfer*.

C'est à Sienne que se réfugièrent, au XIIIe siècle, les Gibelins bannis de Florence; c'est elle qui fut la citadelle de la faction, quand les Guelfes furent maîtres de la ville de l'Arno; c'est elle enfin qui remporta sur les Florentins et leurs alliés, le 4 septembre 1260, cette victoire de Monte Aperto qui intervertit pour un temps la situation des deux partis en Toscane.

Le chemin de fer traverse aujourd'hui la lande nue où se livra la terrible bataille. Le *Carroccio* de Florence tomba ce jour-là aux mains des Siennois, et l'on peut voir encore dans leur ville les *antennes* du fameux chariot de guerre appuyées aux piliers de la cathédrale. Le carnage fut tel, nous dit Dante, que la rivière l'Arbia en devint « rouge de sang ». Mais ce triomphe ne fut pas de longue durée. Charles d'Anjou entre en Italie à l'appel du pape Urbain IV, et, six ans après, les Gibelins de Florence reprennent le chemin de l'exil. Vainement accourt d'Allemagne ce jeune et infortuné Conradin, que les galères pisanes amènent en Toscane, et qui, de Pise, se rend à Sienne, où on le reçoit avec enthousiasme. La bataille de Tagliacozzo (1268) ruine le suprême espoir du parti. Les Siennois cependant veulent encore résister; ils tentent une dernière fois le sort des armes à Colle, mais ils sont vaincus définitivement; leur chef, Provenzano, est fait prisonnier; les Guelfes lui tranchent la tête et la promènent au bout d'une pique.

Au siècle suivant, des rivalités de familles et de classes, soigneusement fomentées par les Florentins, mettent le comble au désordre et à l'anarchie dans la ville. Aux querelles des Gibelins et des Guelfes succèdent des luttes entre bourgeois, nobles et peuple. En quatre mois on compte cinq révolutions. Ce ne sont que combats incessants dans la rue, sièges d'hôtel de ville, confiscations, exils, pendaisons, coups de main de toutes sortes, si bien que, de cent mille habitants, la cité tombe à six mille.

L'agonie politique de Sienne se prolonge jusqu'au milieu du XVIe siècle. La peur des Espagnols et des Médicis la pousse à se jeter dans les bras de la France. Henri II lui envoie Pierre Strozzi, et alors commence la guerre héroïque de quinze mois qui clôt l'histoire de la république. Strozzi ayant été battu, Blaise de Montluc s'enferme avec lui dans la ville assiégée, où les dames mêmes, au nombre de trois cents, s'enrôlent pour la défense de la liberté. Le blocus est terrible; les trois quarts de la population meurent de faim ou sur les remparts. A la table même de Strozzi, qui habitait le palais Spannochi, encore debout dans la rue Camollia, on ne mangeait que de la viande d'âne.

Enfin, le 17 août 1555, Sienne est forcée de se rendre à Cosme Ier. Depuis lors, l'ex-république est restée absorbée dans le duché de Toscane, jusqu'à ce qu'elle devînt, elle aussi, en 1859, une préfecture du royaume d'Italie.

III

Quel beau et vaste panorama se déroule à vos yeux du haut de la colline où la ville est juchée! Tout là-bas, au nord, par delà Pistoie, vous apercevez les pics dentelés du Monte Cimone; bien loin au sud, l'Amiata, la riche et imposante montagne qui produit la célèbre terre dite *de Sienne*; plus près de vous, le val Chianti, d'autres croupes couvertes de forêts, puis des collines et des vallées se pressant en écheveau près de la cité même. Bon climat, bon vin et bon air. Ajoutons beau langage et douce vie. C'est la ville de province, souriante, modeste, heureuse et hospitalière, où, plus que partout ailleurs en Toscane, le voyageur est sûr de trouver provende à son

PANORAMA DE SIENNE.

goût et selon sa bourse. « Salut, étranger, dit une inscription latine placée sur une des entrées. Sienne t'ouvre son cœur, plus encore ses portes. » Et cette invite n'est pas un vain mot.

La ville, sorte d'étoile à trois pointes, a pour centre la piazza del Campo (ou Victor-Emmanuel), en forme de coquille renversée, et dont le sol s'incline doucement jusqu'au pied du palazzo Publico. De là rayonnent onze artères différentes qui vont courant sur les crêtes des collines. L'enceinte, du XIIIe siècle, flanquée de tours car-

SIENNE. — PIAZZA DEL CAMPO.

rées et crénelées, ne représente plus qu'une ceinture trop large qui flotte sur les reins de la cité, car celle-ci est loin d'avoir recouvré sa population des beaux jours, et ses constructions n'emplissent plus, tant s'en faut, le vaste périmètre de ses murs. Des champs de blé, des jardins, des plantations d'oliviers, couvrent maintenant une partie de cet espace, qui mesure 6 kilomètres de pourtour. Aussi des trente-huit portes de la ville, trente ont-elles été murées.

Les voies principales, aussi bien que les ruelles grimpantes (*costarelle*), qui toutes sont dallées ou pavées de briques soigneusement jointoyées, n'offrent pas une animation extrême. N'importe;

Sienne déchue est restée, comme Pise, tout un monde. Dans cet écrin de figure bizarre se sont conservés des joyaux d'art admirables.

Bien que la piazza del Campo soit, on peut le dire, exclusivement guelfe par les édifices qui la décorent, et qui, tous, ont été construits ou reconstruits après la chute des Gibelins, elle n'en reste pas moins, à nos yeux, pleine des passions et des grandeurs de l'âge libre de la cité. La figure historique de Provenzano Salvini, le noble vaincu de Colle, l'ami et le compagnon de Farinata, plane toujours sur cette vaste place. C'est là, vous raconteront les Siennois, que cet homme si fier, le premier citoyen de la république, ne pouvant payer les dix mille florins exigés pour la rançon d'un de ses amis demeuré aux mains de Charles d'Anjou, s'assit sur un tapis par terre pour demander, « tremblant de tous ses membres[1] », l'aumône aux passants. C'est là aussi qu'après le siège mémorable dont j'ai parlé, ceux des Siennois qui pouvaient encore porter les armes se rassemblèrent une dernière fois avec leurs femmes et leurs enfants, pour s'en aller, à quelques kilomètres plus au sud, relever momentanément le drapeau de leur ville sur les rochers de Montalcino.

D'un côté de la place se dresse l'ex-palais public (aujourd'hui hôtel de ville), monument du XIVe siècle, en briques, dont la couleur ferrugineuse est rehaussée par les saillies et les colonnettes en marbre blanc des fenêtres. Les salles de l'intérieur, y compris la chapelle, sont autant de musées qu'enrichissent les œuvres de tous les grands maîtres de l'école siennoise, « une école riante au milieu d'un peuple toujours gai », dit un critique d'art italien.

A la suite de cet édifice, la svelte tour du Mangia, construction de la même époque, s'élève à 102 mètres en l'air. Elle tient, paraît-il, son nom étrange d'un automate qui venait, chaque jour, battre les douze coups de midi à l'horloge. Ce bonhomme était pour les Siennois ce que Pasquin et Marforio étaient, et sont encore, à Rome, l'endosseur et l'éditeur responsable des épigrammes et des mots satiriques qu'on placardait au pied de la tour. Seulement, un jour, comme il sortait pour remplir son office habituel, un ressort de la machine se cassa, et le pauvre Mangia tomba sur la place. A la base

1. Dante, *Purgatoire*, chap. XI.

du svelte campanile s'appuie coquettement une délicieuse petite chapelle de la Vierge érigée par un artiste inconnu, à l'occasion de la peste de 1348.

Un autre enjolivement exquis du Campo, c'est la fontaine Gaie (*Fonte Gaya*), ainsi appelée de la joie que causa aux habitants la vue de l'eau arrivant sur la place en 1343. Entièrement refaite dans ces derniers temps, elle passait pour le morceau le plus achevé du sculpteur siennois Jacopo della Quercia, mort en 1438, un vrai précurseur de Michel-Ange dans la représentation des sujets bibliques. Le beau palais à créneaux et à tour, aux fenêtres en ogive,

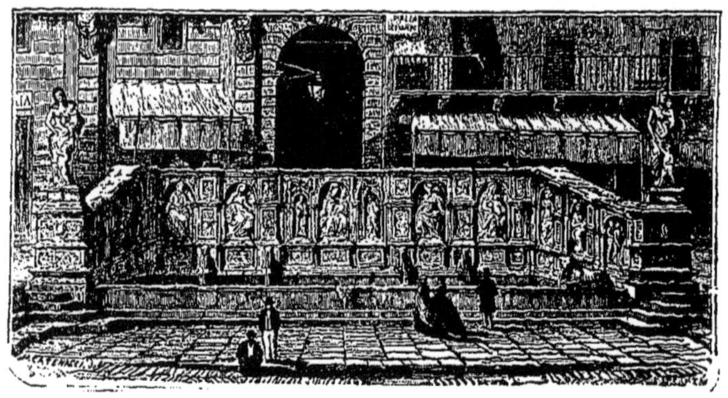

SIENNE : FONTE GAYA.

dont les murs de briques suivent la courbe élégante de la place, fut la résidence des Sansedoni, une de ces hautes familles de l'aristocratie féodale qu'on désignait sous le nom de « grands de Sienne ». Un Ambrogio Sansedoni, qui enseigna un moment la théologie à Paris, a mérité d'être placé par l'Eglise au nombre des bienheureux.

L'ornementation de la place est achevée par le Casino dei Nobili ou plutôt de' Concordi (autrefois tribunal de commerce), à la face postérieure duquel s'ouvre, sur la rue de' Bianchi, la belle loge degli Uffiziali. Celle-ci présente trois arcades en plein cintre reposant sur quatre piliers dont chacun porte la statue d'un saint. C'est là, dit-on, sur les bancs de marbre encore existants, que les nobles venaient, en été, prendre le frais.

Sienne renferme du reste beaucoup d'autres palais remarquables où reparaît, plus ou moins enjolivé, le type du palazzo Publico : tels, le palais Buonsignori; celui del Capitano, près de la cathédrale, où résidait le capitaine de guerre au temps de la république, véritable forteresse avec une cour décorée d'un superbe escalier en travertin blanc; puis le palais Tolomei, le plus ancien de tous, et le seul qui soit en pierre.

Une demeure beaucoup plus modeste est la maison Gori Gandinelli, où descendait Alfieri toutes les fois qu'il venait à Sienne; et le poète y venait souvent, y résidant volontiers de longs mois. Cet esprit sombre et farouche aimait l'humeur douce et affectueuse des Siennois, ainsi que la langue pure qui se parle en cette jolie ville. On assure même que, dans ses voyages, il se faisait suivre d'un secrétaire et de deux domestiques siennois, qu'il appelait ses « dictionnaires vivants ».

Et cette fameuse cathédrale de Sienne, réputée à bon droit une des plus belles, non pas seulement de l'Italie, mais encore de l'Europe entière, il est, ce semble, temps d'en parler. Elle se dresse au sud-ouest de la piazza del Campo, au point élevé de la ville qui porte le nom de *Castel-Vecchio* (Vieux-Château). Sa façade à trois portails, flanquée aux angles de deux tourelles terminées en pyramides, est ouvragée d'une manière admirable. Tout un groupe d'animaux héraldiques y figure les villes avec lesquelles la *Louve*, c'est-à-dire Sienne, fut alliée. Le dragon, c'est Pistoie; le lièvre représente Pise; la cigogne symbolise Pérouse, l'oie Orvieto, l'éléphant Rome, le cheval Arezzo, le vautour Volterra, le bouc Grosseto. La merveille de ce dôme, à l'intérieur, c'est la chaire en marbre blanc de Nicolas de Pise, lequel était Siennois par son père. Plusieurs des piédestaux sont soutenus par des lions. Sur les entablements des colonnes sont posées des figurines d'une expression ineffable. Quant aux bas-reliefs latéraux, qui représentent la Nativité, le Crucifiement, le Jugement dernier, c'est tout un poème marmoréen dont le regard ne peut se détacher.

L'église entière n'est que figures et mosaïques; le pavé même sur lequel vous marchez en est incrusté, et ce n'est point sans une sorte de crainte respectueuse que vous posez le pied sur cette délicate marqueterie de marbre, où sont tracés en clair-obscur des scènes et

CATHÉDRALE DE SIENNE.

des personnages de toutes les époques. N'omettez pas de voir, dans la salle de la Libreria Piccolominea, les splendides fresques du Pinturichio. Elles représentent la vie d'Æneas Silvius Piccolomini, qui fut étroitement mêlé à l'histoire de Sienne, et devint pape sous le nom de Pie II.

Au milieu de cette même salle est resté longtemps le célèbre groupe antique des *Trois Grâces*, découvert au XIIIe siècle dans les fondations de la cathédrale. Pie IX, choqué de la présence de cette sculpture païenne dans l'intérieur d'une église, en prescrivit l'enlèvement en 1857; elle est actuellement au Musée métropolitain, toujours sur la place du Dôme, au sommet de l'escalier où se trouve l'église Saint-Jean (le Baptistère), une merveille aussi par ses fameux fonts baptismaux, de Ghiberti et de Donatello.

Suivez de là vers le nord l'écheveau des ruelles siennoises, vous arriverez au pied d'une colline escarpée sur laquelle se dresse un édifice en briques rouges flanqué d'une tour crénelée. On dirait d'une forteresse : c'est encore une église, San Domenico, dont la construction date du XIIIe siècle. L'intérieur en est à la fois simple et imposant; peu d'œuvres d'art, mais choisies : le portrait de sainte Catherine de Sienne, peint, assure-t-on, par un artiste ami de la sainte, Andrea Vanini; puis trois toiles de Razzi, plus connu, je l'ai dit plus haut, sous le sobriquet de *Sodoma*, et le plus grand peintre de l'école siennoise. Le même artiste a décoré la voûte supérieure du temple.

Le cloître voisin a été habité par le fameux auteur de la *Somme théologique*, saint Thomas d'Aquin, l'ange de l'École, ou encore, « le bœuf muet de Sicile », comme l'avaient surnommé ses condisciples. On sait qu'il fut, au XIIIe siècle, une des illustrations de l'université de Paris.

IV

Au-dessous de Saint-Dominique, au pied de la colline, regardez la célèbre fontaine Branda, qu'Alfieri a célébrée dans un sonnet, et qui a donné son nom à l'étroit vallon pittoresquement dominé par l'église. Ce vallon n'est guère occupé que par des tanneurs. La fontaine, aux voûtes sept fois séculaires, sert de lavoir public. Après avoir rempli le vaste bassin, ses ondes vont se distribuer dans de gigantesques réservoirs pour servir aux industries et aux moulins du quartier. Le manque de sources dans les environs immédiats de leur ville a forcé de bonne heure les Siennois de s'approvisionner à grands frais d'eau potable, et voici par quel grandiose procédé ils sont arrivés à s'en procurer.

La région consistant en un terrain de tuf poreux, ils y ont creusé dès le XIIe siècle, pour recevoir les filtrations d'eau pluviale, de longues galeries qui, descendant des collines d'alentour, traversent en tous sens la cité et y forment un immense réseau souterrain. Ces *bottini*, comme on les appelle, alimentent non seulement les vingt fontaines de la ville, mais encore les trois cent soixante puits particuliers. Leur longueur totale est de 25 kilomètres. Visitez la nuit, à la lueur des torches, ce mystérieux labyrinthe aquifère : c'est comme une seconde ville au-dessous de l'autre, avec un lacis merveilleux d'artères aux voûtes desquelles de superbes stalactites forment des sculptures tout originales.

A la fontaine Branda susnommée se rapporte la légende suivante : « Cino de Pistoie, le poète jurisconsulte que l'on sait, était en 1335 professeur à l'université de Sienne. Il eut l'étrange idée de promettre la main de sa sœur, jeune fille d'une rare beauté, à celui de ses élèves qui aurait le mieux résolu une question de droit. Or le hasard (la plus moqueuse des divinités) voulut que le vainqueur, dans cette lutte intellectuelle, fût loin de ressembler aux jeunes athlètes, brillants de force et de beauté, que les vierges de la Grèce couronnaient de leurs mains et que Pindare élevait aux cieux dans ses hymnes immortels. C'était un nommé Mario d'Asciano, borgne et si contrefait, que la pauvre enfant voulut se soustraire à l'hymen qui la menaçait en se jetant dans les eaux de la Fonte Branda. Mais l'amant dédaigné, qui ne perdait pas de vue celle qu'il considérait comme son bien légitime, s'élança après elle dans la fontaine, lui sauva la vie, et eut l'inespéré bonheur de voir son dévouement récompensé par l'affection de la jeune fille. On célébra les noces dans l'école de Cino, et très joyeusement, ajoute la chronique. »

Dans une costarelle voisine de la vieille fontaine on voit un petit

SIENNE : FONTAINE BRANDA.

oratoire au seuil duquel maint pèlerin est venu s'agenouiller depuis cinq siècles : c'est la *casa* où est née et a vécu sainte Catherine de Sienne. Son père, Jacques Benincasa, exerçait là le métier de teinturier, et la rue elle-même porte le nom de *costa dei Tintori*. Comment la fille de l'humble artisan s'acquit-elle le double renom d'écrivain et de sainte qui lui est resté, nous n'avons pas à l'expliquer ici en détail. Voici seulement un trait de sa vie qui suffit à la faire connaître.

SAINTE CATHERINE DE SIENNE.

En l'an 1376, Florence ayant excité les villes soumises au saint-siège à secouer le joug pontifical, un légat apostolique vint avec une armée attaquer Bologne, qui s'était la première révoltée, et y commit des cruautés inouïes. Quant aux Florentins, qui avaient osé secourir la cité romagnole, ils furent excommuniés, et une bulle du pape autorisa « tout chrétien à les réduire en esclavage et à s'emparer, en tout lieu du monde, de leurs biens et de leurs marchandises ». Florence se trouva, en cette occasion, dans l'état fâcheux d'*interdit* où s'était, cinquante ans plus tôt, trouvée également la ville des lagunes, quand les Vénitiens eurent mis la main sur Ferrare[1]. Que faire? Ce fut alors que Catarina Benincasa sortit de sa modeste cellule, s'en fut en la ville d'Avignon (c'était la soixante-dixième année du grand schisme qu'on appelle la Captivité de Babylone) supplier le pape de pardonner aux Florentins et de revenir du même coup à Rome. Sa mission fut couronnée de succès. Au siècle suivant, le pontife Pie II (Æneas Silvius) appela Catherine à l'honneur des autels.

Quant au talent littéraire de la sainte, nous avons déjà vu, à propos de l'académie de la Crusca, quel cas en faisait son siècle, qui était pourtant celui de Boccace. Elle mourut, à Rome, en 1380, âgée seulement de trente-trois ans.

D'autres Siennoises, disons-le, se sont acquis dans l'histoire un genre différent de célébrité. De tous temps, les femmes du terroir ont été vantées, pour leur beauté, à l'égal de celles de Viterbe; la célèbre Roxelane, qui fut l'épouse du sultan Soliman II, appartenait, paraît-il, à une famille noble de Sienne; elle s'appelait, de son nom italien, Margharita Marsili.

L'université de Sienne semble remonter au commencement du XIIe siècle. On raconte qu'elle dut, cent ans après, un surcroît de vie et de prospérité à une immigration d'étudiants bolonais survenue dans les circonstances suivantes. Un d'eux ayant été condamné à mort, tous ses condisciples quittèrent la ville, sous la conduite de Guillaume Tolomei, un Siennois, et s'en vinrent demander droit de cité à la patrie de sainte Catherine, qui le leur accorda gracieusement. Elle s'engagea de plus à racheter les livres qu'ils avaient laissés en gage à Bologne pour la somme de 600 florins, à leur fournir le logement gratuit, et à payer ceux de leurs professeurs qui les avaient suivis dans leur exode. Seulement, les Bolonais, dont cela ne faisait pas l'affaire, ne marchandèrent pas sur les conditions pour rappeler les étudiants dans leur ville, et le podestat fut même obligé de faire ses excuses aux membres du *Studio publico*. En Italie comme en France, tout corps universitaire était en ce temps-là une puissance, qui s'entendait à faire respecter ses droits et ses privilèges. L'université de Sienne, qui jadis occupait

1. Voyez notre volume *Venise et la Vénétie*, chap. VIII, Bibliothèque des Écoles et des Familles, Hachette et Cie.

l'ex-hôpital de la Miséricorde, nommé depuis lors *Casa della Sapienza*, est installée actuellement dans le couvent de Sainte-Vigile.

RUINES DE SAN GALGANO.

C'est l'Académie des beaux-arts qui a pris possession de son ancienne résidence.

Non loin de la ville se trouve le château de Belcaro, où sainte

Catherine demeura quelque temps avec de jeunes religieuses ses compagnes, et qui devint ensuite la propriété du banquier Turamini. Les amateurs de vieilles fresques peuvent y aller contempler le *Jugement de Pâris*, le chef-d'œuvre de Balthazar Peruzzi, artiste siennois du xve siècle, qui fut à la fois peintre et architecte. La campagne, autour de la ville, peut-être un peu terne d'aspect, est loin de manquer de fertilité. L'olivier, la vigne et le froment y alternent avec d'épais bouquets de chênes et de hêtres, dont la tête chenue se couronne de lierre. Çà et là un antique château délabré. Mais la curiosité la plus remarquable de la contrée, c'est, à quelques lieues à l'ouest, près de Chiusdino, les poétiques restes de l'abbaye de San Galgano.

Je ne connais pas de ruines plus songeuses ni plus délaissées tout ensemble. Combien y a-t-il de touristes qui prennent la peine d'aller visiter ces débris lentement égrugés par les siècles, ces nobles piliers gothiques, ces hauts arceaux sur lesquels glissent par le toit à jour tour à tour les chauds rayons du soleil et les frissonnantes caresses de la lune?

CHAPITRE XII

Excursion dans la zone alpestre des monts toscans. — Vallombreuse, la Verna et les Camaldules. — Souvenirs dantesques. — Promenade dans Arezzo. — Cortone. — La vallée de la Chiana ; autrefois et aujourd'hui. — Annibal en Toscane. — Le lac de Trasimène. — Pérouse et le tour de l'Ombrie. — Dernières étapes.

I

Que nous reste-t-il à voir de la Toscane pour connaître le pays tout entier? La zone alpestre de l'Apennin que de Florence on aperçoit, au loin, à l'horizon est-sud-est, la vallée supérieure de l'Arno, le bassin frontière de la Chiana, et les cités ombriennes.

J'ai dit que le relief des grands monts présente ici trois murailles distinctes. La plus orientale est formée par la ligne de faîte principale, que jalonnent, du nord au sud, les sommités du Falterona, du Comero et des Alpes de la Lune. Celle du milieu est le rameau des monts de Catenaja, qui se prolonge jusqu'aux environs d'Arezzo. La troisième enfin, la plus proche de nous, est le contrefort du Prato Magno (1400 mètres).

Aux replis de ces monts nichent les ex-abbayes aux noms harmonieux de Vallombreuse, de la Verna et des Camaldules, que nous allons visiter tout d'abord, en partant de nouveau de Florence par le troisième grand *railway* de la Toscane, celui qui mène en Ombrie par les bords du lac de Trasimène.

C'est à la station de Pontassieve, gros bourg où se fait la jonction de la Sieve et de l'Arno, qu'il nous faut descendre de wagon pour nous engager à gauche dans l'écheveau verdoyant des montagnes. La région alpestre proprement dite commence au village de Pelago, d'où l'on aperçoit déjà, si j'ai bonne mémoire, le cloître de Vallombreuse, à 8 kilomètres environ de distance. On se croirait dans un coin de la Suisse. Aux oliviers et aux vignes ont succédé définitivement les massifs de sapins et de chênes; l'air devient en même temps plus froid et plus âpre.

Plus on monte, plus la sauvagerie des sites s'accentue; puis, tout à coup, à droite, se creuse presque à pic sous vous, entre la hauteur

PELAGO.

où vous cheminez et celle qui vous fait vis-à-vis, un ravin où coule un torrent. Là on redescend, pour gagner le point d'intersection des deux monts. A chaque pas, le contraste s'accroît. Le ruisseau de la gorge intermédiaire une fois franchi par un pont de pierre, vous voilà au hameau de Tosi, au milieu d'une magnifique châtaigneraie. Dès lors vous remontez sous bois, et les châtaigniers cèdent la place à des fourrés de noirs conifères. Enfin une éclaircie se fait dans la futaie, le soleil perce la ramure des grands troncs, et, dans une dépression de la montagne, vous apercevez devant vous de majestueuses constructions peintes en rose : c'est l'ancien monastère.

Ce vallon perdu au milieu de l'Apennin s'appelait primitivement *Acquabella*, à cause, sans doute, des ondes fraîches et des sources murmurantes qui l'arrosent. L'abbaye bénédictine, fondée ici au XIe siècle par saint Jean Gualbert, a été laïcisée en 1869. Trois moines seulement y sont restés à titre de gardiens. Quinze cents hectares de

VALLOMBREUSE.

forêts domaniales enveloppent ce cloître, sis à 900 mètres d'altitude, dans un district où la neige tombe parfois en septembre et ne cesse qu'en mai. Aussi a-t-on installé dans l'aile droite du bâtiment conventuel un institut forestier, — l'unique établissement de ce genre qui existe en Italie — où sept professeurs donnent l'enseignement à une trentaine d'élèves.

A gauche, un peu en contre-bas, se trouve une pièce d'eau avec une scierie, que quelques pas à peine séparent de gorges profondes où roule le torrent. Remontez le cours de l'onde écumante, un tableau saisissant va s'offrir à vos yeux. Sur un immense bloc de roche isolé, auquel un pont rustique donne accès, se dresse une charmante construction qui répète en petit celle de la clairière : c'est le *Paradisino* ou Petit-Paradis. Cet ex-ermitage est aujourd'hui un hôtel.

Quelle perspective on a de ce *signal*, ou, mieux encore, des crêtes d'alentour, sur la riante vallée de l'Arno, sur Florence, sur la mer Tyrrhénienne ! Beaux sites, bon air, frais ombrages, rien ne manque, vous le voyez, à ce nid de Vallombreuse, dont l'Arioste, Milton, Lamartine ont célébré à l'envi la mélancolique et sauvage poésie, et où Dante, Boccace, Michel-Ange sont venus égarer leurs pas tour à tour. Notez que, le soir même, s'il ne vous plaît pas de coucher à l'enseigne de la *Croix de Savoie*, vous pouvez être de retour à Florence.

II

Les couvents de la Verna et des Camaldules sont situés plus à l'est, sur un rameau de montagne qui se détache du Falterona précité, et sépare les sources de l'Arno et du Tibre : c'est l'âpre rocher, *il crudo Sasso intra Tevere ed Arno*, dont parle la *Divine Comédie*.

Pour s'y rendre de Vallombreuse, il faut donc franchir la dépression à travers laquelle se déroule le cours naissant de la rivière florentine, et, par conséquent, regagner la grande route de Pontassieve à Bibbiena par le district déjà mentionné qui porte le nom de Casentino[1]. Le point culminant du passage (1100 mètres environ) est marqué par l'auberge de la *Consuma*.

Ici encore, à chaque pas, surgissent des souvenirs dantesques. Qu'est-ce que cette tour dressée au bord du chemin ? C'est celle de ce comte de Romena, à l'instigation duquel maître Adam, le pécheur condamné aux tortures d'une soif éternelle, avait falsifié le florin de Florence. Et pourquoi ce nom de *Consuma* (la Consomption),

1. Voyez ci-dessus, page 42.

donné à l'*osteria* du col? Parce que c'est en cet endroit que fut brûlé le misérable faussaire. Chaque voyageur avait coutume de jeter là une pierre en passant : d'où le *monceau du mort*, comme on appelle le tas funéraire.

De la *Consuma* on peut gagner d'abord la Verna, sise au milieu de rochers à pic, à 1133 mètres d'altitude. A ce second couvent se rattache le nom de saint François d'Assise, dont je veux en deux mots vous rappeler la vie.

Né en 1182 à Assise (petite ville de l'Ombrie, que nous retrouverons sur notre parcours), il s'appelait de son nom de famille Bernardon. Son père, un marchand assez riche, qui commerçait surtout avec la France, l'employa d'abord dans sa maison. L'enfant apprit tout de suite le français, qu'il parla bientôt si facilement que son prénom primitif de Jean en demeura changé en celui de *François*. La dissipation, les plaisirs, les combats, occupèrent une partie de sa jeunesse. Dans une attaque contre Pérouse, ville rivale d'Assise, il fut même fait prisonnier et resta un an en captivité. Il était déjà âgé de vingt-quatre ans quand des visions, des extases, des songes mystérieux, décidèrent de sa vocation. Il se mit dès lors à visiter les lépreux, à soigner les infirmes, et, après avoir fait le voyage de Rome, il se retira dans une caverne où il vécut, un mois durant, tout à la prière et au jeûne. Mais Bernardon le trafiquant avait d'autres visées sur son fils. Dès que celui-ci fut de retour à Assise, il le fit enfermer comme fou.

Le jeune François alors brûla ses vaisseaux : il renonça à l'héritage paternel, et quitta définitivement le monde pour élire domicile dans les bois de l'Apennin. Son unique occupation, du matin au soir, était de quêter pour la restauration des églises et chapelles ruinées. Il releva ainsi, entre autres, le sanctuaire tout voisin d'Assise, appartenant aux Bénédictins, qu'on désignait sous le nom de *Portioncule*. Peu à peu il recruta des disciples : de riches bourgeois de sa ville natale renoncèrent, comme lui, à leur patrimoine, se mirent à jeûner, à prêcher, à secourir les pauvres en sa compagnie.

Telle fut l'origine des *Franciscains*, qui s'appelaient eux-mêmes modestement *Frères mineurs*, et qu'on a aussi nommés *Cordeliers*, à cause de la corde qui leur sert de ceinture. D'abord établi à la

Portioncule, que les Bénédictins lui avaient cédée, l'ordre eut bientôt des maisons en France, en Espagne et en Angleterre. Ses membres allaient en mission dans les pays les plus lointains. C'est ainsi que François en personne partit pour la Palestine ; on le vit au camp des croisés, à Saint-Jean-d'Acre, à Damiette, et il osa même essayer de convertir le sultan Meledin.

Revenu en Italie, il se retira au mont Alverne (*Alvernia*, d'où *Verna*), à l'endroit où fut par la suite bâti le couvent. Là il choisit le site le plus solitaire et le plus sauvage, à savoir la crête proche de Bibbiena où je viens de conduire le lecteur, et s'y arrangea une petite cellule. Après une retraite de quarante jours il rentra à la Portioncule, et y mourut au bout de deux années. Ajoutons que la légende de sa vie a été illustrée par Giotto dans l'église San Francesco, à Assise, et dans celle de Sainte-Croix, à Florence.

De la Verna nous pouvons redescendre à la petite ville de Bibbiena, et prendre le chemin des Camaldules (*Camaldoli*).

Situé, non plus sur un rocher, comme le précédent, mais dans un verdoyant vallon entouré de vastes forêts de conifères, ce troisième monastère, fondé par saint Romuald, au commencement du XIe siècle, est celui que Dante, en son *Purgatoire*, nomme le Saint-Désert, l'*Ermo*.

Si nous voulions nous enfoncer plus avant encore dans la vallée initiale de l'Arno, et gravir cette crête du Falterona où la rivière toscane prend sa source, nous continuerions de trouver sur la route les souvenirs de Dante exilé. Ici c'est une tour qu'on dit lui avoir servi de refuge; là c'est un rocher où il avait coutume de s'asseoir, comme sur ce *sasso* historique qu'on montre à Florence, près de la cathédrale. Que de fois en effet le grand poète a dû promener ses rêves gibelins par ces âpres sentiers de l'Apennin, soit qu'il se rendît avec un guide chez ses amis de la région romagnole, soit qu'il descendît, plus au sud, chez les gens du comté d'Urbino!

III

Quittons maintenant ces hauteurs sourcilleuses, et regagnons la vallée de l'Arno, à cette même station de Pontassieve qui a été le point de départ de nos explorations de montagne. Quinze kilomètres seulement séparent cette bourgade de celle d'Incisa. A Incisa commence la profonde dépression fluviale que Dante appelle la Fosse maudite, *maladetta Fossa.* La rivière, pour se frayer un passage, a dû, en cet endroit, aussi bien que plus haut, en deçà d'Arezzo, couper d'épais bancs calcaires où l'on a, si je ne me trompe, retrouvé une quantité d'ossements fossiles d'animaux antédiluviens. A gauche, en avant des grands contreforts de la chaîne, s'élèvent des hauteurs moindres d'où débouchent nombre de torrents et de rivières. Bientôt, au sortir d'une série de tunnels, on aperçoit, toujours à l'est, sur une éminence dominant la plaine, la vieille ville d'Arezzo.

Michel-Ange, qui naquit, nous le savons, non loin de là, disait que dans ce coin de terre on respirait un air d'une subtilité toute particulière. Toujours est-il que le pays s'honore d'une singulière portée d'hommes illustres à divers titres. Outre Mécène, dont les ancêtres, nous dit Horace, avaient régné sur l'antique Arretium, la ville a vu naître Césalpin le créateur de la botanique, les peintres Vasari, Margaritone et Parri Spinelo, le moine Guido le restaurateur de la musique, Pierre dit l'Arétin, et enfin Concino Concini, ce fameux aventurier qui, sous le nom de maréchal d'Ancre, s'acquit en France, au XVIIe siècle, par sa vie comme par sa mort, un genre tout spécial de célébrité.

Arezzo a dû de tous temps à sa situation une importance exceptionnelle. Tandis que ses faubourgs s'étirent jusque dans la plaine, les parties hautes s'appuient à une colline, le poggio San Donato, dont le sommet est à l'altitude de 275 mètres. D'un côté, des champs fertiles; de l'autre, une éminence facile à défendre.

D'abord une des douze cités de la Dodécapole étrusque, la ville s'est vue soumise aux Romains au temps de la seconde guerre punique. Son vin et son blé étaient alors fort recherchés, aussi bien que ses bois de construction. Dès cette époque aussi, elle était célèbre par ses vases dits *arétins*, qu'il ne faut pas confondre avec les vases étrusques dont j'ai parlé. Cette fabrication céramique, remarquable par sa finesse et par le beau ton rouge ocre de ses produits, eut son apogée sous les premiers Césars. Tout un peuple d'esclaves était occupé à façonner la terre, à la décorer d'un vernis ou de figures en relief, à l'arrondir avec le tour et la lime. Cette industrie survécut aux invasions barbares, et, au VIIe siècle encore, les potiers d'Arezzo n'avaient pas tous éteint leurs fours.

Plus tard, au temps des Guelfes et des Gibelins, la ville, indépendante, est souvent en lutte avec ses voisins, et principalement avec Florence. Son évêque, chef de la faction impériale, conduisait en personne les guerriers arétins, et se faisait tuer, les armes à la main, à cette fameuse journée de Campaldino où Dante combattit pour la cause adverse. Vendue enfin aux Florentins, elle n'a plus, à partir de 1337, d'autres destinées que celles de ses maîtres, les Médicis, puis les princes de Lorraine. En 1799 pourtant, elle

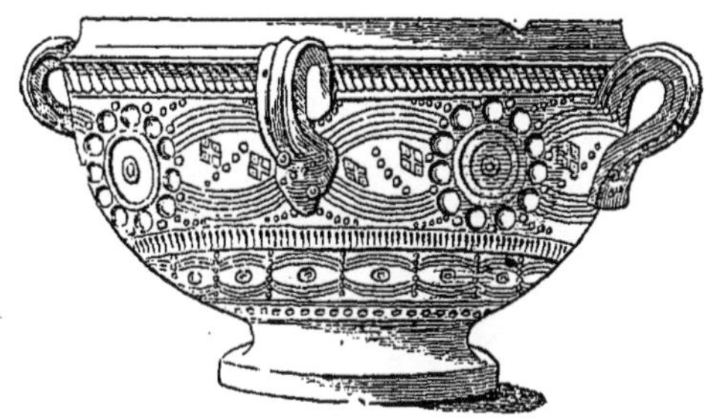

VASE ARÉTIN.

recouvre son antique énergie pour résister aux soldats de Macdonald; ce n'est qu'au bout d'une année, et au prix d'un bombardement, que les Français réussissent à s'emparer d'elle.

Arezzo est la cité montueuse par excellence, avec tous les soubresauts chaotiques de terrain qui prêtent, on s'en souvient, tant de charme à San Giminiano et à Sienne; les rues y sont cependant plus larges et plus régulières. Tous les vingt mètres, le point de vue change. Tantôt on se trouve au fond d'un bassin ou d'une auge entourée de voies escarpées, et dont le sommet se détache sur le fond bleu du ciel; tantôt, au contraire, on domine au loin la campagne d'alentour. Beaucoup de jardins au sein de la ville, des champs même, des sentiers rustiques où errent des ruminants aux longues cornes.

Une rue principale, le *Corso* ou *Borgo maestro*, la traverse dans toute sa longueur, depuis la porte San Spirito, située dans la plaine, jusqu'à la place du Dôme, qui marque le point culminant de la cité, et sur laquelle on débouche par une montée assez raide. Près de cette place s'étend une spacieuse promenade plantée de chênes, de

PANORAMA D'AREZZO.

marronniers, de platanes, d'où l'on jouit d'une large perspective sur la contrée environnante, et qui est le centre du mouvement local. C'est dans cette partie haute de la ville que se dressent tous les édifices remarquables, savoir : la *pieve* ou église paroissiale de Saint-Donat, dont la façade donne sur le Corso et l'abside sur la piazza

Grande; le palais de la Fraternité, aujourd'hui bibliothèque et musée, la Préfecture, le Municipe, et enfin le Dôme. Ce dernier est une construction gothique, simple et nue d'extérieur, mais fort

CATHÉDRALE D'AREZZO.

riche au dedans. Des tabernacles sculptés par des élèves de Jean de Pise, des fresques peintes par Spinello, un artiste du cru, des terres cuites des della Robbia, des verrières de Guillaume de Marcillat, un Lorrain émigré en Italie, en font, suivant le mot d'un critique, comme un résumé de l'art toscan du XIIIe au XVIe siècle.

UNE RUE D'AREZZO.

Au centre de la place de la Cathédrale, sur une plate-forme élevée de vingt et une marches, se dresse la statue en marbre du grand-duc Ferdinand III qui a si bien mérité d'Arezzo par ces travaux d'endiguement de la Chiana dont il sera question ci-après. Dessinée par le Flamand Jean Bologne, elle fut exécutée, comme le dit l'inscription, par Pierre de Francheville, un autre Flamand. A deux pas de là, dans la via dell' Orto, s'offre à nous une petite maison pourvue d'une énorme plaque commémorative : c'est la *casa* natale de Pétrarque, le premier champion de l'*humanisme*. L'habitation, qui a été reconstruite, se compose d'un rez-de-chaussée et d'un étage seulement : la gendarmerie y loge actuellement. Un peu plus loin, place Saint-Pierre, il y a une autre demeure historique, une maison superbe, celle-là, avec une porte de fer massive : là est venu au monde le créateur de la musique moderne, Gui ou Guido d'Arezzo, mort en 1050. Quelques mots d'explication ne sont peut-être pas inutiles ici.

La musique est, on peut le dire, aussi vieille que le monde. Chez les Hébreux on la trouve intimement liée aux cérémonies du culte; en Grèce, où les Égyptiens l'avaient introduite, elle était l'accompagnement obligé de toutes les fêtes religieuses ou profanes, et l'idée qu'on se faisait de sa puissance était si grande et si étendue, qu'on attachait au terme musique la valeur d'un système philosophique. Pour les Grecs, c'était la musique qui régissait l'univers. Qu'était-ce que l'astronomie ? l'harmonie des mondes, comme l'indique le mot même. Et l'arithmétique ? l'harmonie des nombres. Quant aux Latins, ils restèrent clos à l'art musical, si bien que, lorsque l'Église chrétienne eut besoin de rythmes et de chants, elle s'adressa exclusivement aux Hébreux et aux Grecs. Aux premiers elle prit les *Psaumes* de David et nombre de mélodies qui devinrent les cantiques nouveaux; aux seconds elle emprunta les quatre modes, *éolien*, *phrygien*, *dorien* et *mixolidien*, qui, de saint Ambroise, évêque de Milan, furent appelés *modes ambrosiens*, et qui, joints plus tard par le pape saint Grégoire à quatre autres *tons*, formèrent le *chant grégorien*, introduit d'Italie en France par Charlemagne. Ensuite la musique resta stationnaire jusqu'à la fin du xe siècle.

Alors parut Gui d'Arezzo qui lui donna une impulsion vigoureuse en inventant un nouveau procédé pour faciliter l'étude du plainchant. Pour cela il prit, parmi les huit tons en usage, deux tonalités

AREZZO : STATUE DE FERDINAND III.

types auxquelles il rapporta les six autres. Peu à peu ces deux types,

AREZZO : PIAZZA GRANDE.

étant les seuls employés par les musiciens, reçurent le nom de *gamme majeure* et de *gamme mineure*. Dès lors la rythmique se régularisa et se développa, et de ce progrès sortirent la *mesure* et le *temps*.

Au XIVe siècle on commença à chanter quelques pièces à trois parties, dont la plus basse se nommait *ténor*, celle du milieu *motet*, et celle de dessus *triplum*. Ces accords furent le *déchant*, nommé par la suite faux-bourdon ou contrepoint. Longtemps le déchant fut défendu dans certaines églises, et spécialement à Paris. Un écrivain du moyen âge, Denis le Chartreux, le traite d'une façon fort sévère; il le compare à la frisure des femmes, aux superfluités luxueuses du costume, et dit qu'il empêche d'entendre le sens des paroles.

Néanmoins le nouveau genre d'harmonie finit par l'emporter sur la mélopée froide et nue du début; il y eut même, à cette époque, une véritable invasion de la musique populaire dans l'Église, et l'on se mit à composer des hymnes sur des airs de la rue. Quant à l'orgue, c'était, pour le dire en passant, un des plus anciens instruments à vent. Dès 757 Pépin le Bref en avait reçu un de l'empereur d'Orient Constantin Copronyme (c'était le premier qu'on eût vu en France), et un poème latin du Xe siècle en décrit un qui se composait de vingt-six soufflets, « et que soixante-six hommes mettaient en mouvement ». Je ne parle pas du *serpent*, qui ne paraît être devenu commun dans les grandes églises qu'à partir du XVIe siècle. Jusqu'à cette époque aussi, la musique religieuse, en dépit de la réforme opérée par Gui d'Arezzo, ne connaissait toujours pas l'*expression* et la nuance; elle avait même fini par devenir tellement sèche et fausse que le saint-siège songea un moment à la supprimer.

Heureusement, un homme de génie, un Italien encore, Palestrina, résolut le problème dont l'Église avait posé la nécessité en arrivant, dans sa *Messe du pape Marcel* (1560), à une heureuse coïncidence entre les paroles et le rythme. Cette conquête du style expressif représente la dernière grande transformation de la musique sacrée. Depuis Palestrina jusqu'à nos jours elle a pu se développer de mille manières, enfanter le *choral* et l'*oratorio*, se plier aux exigences des diverses écoles, aux évolutions successives du goût :

elle est, en somme, restée la même dans son essence liturgique et mystique. Mais reprenons notre promenade au travers des rues d'Arezzo.

IV

Si nous redescendons vers les bas quartiers, nous trouvons, sur

L'ARÉTIN.

la place Saint-François, la statue de Fossombroni, l'ingénieur économiste auquel nous reviendrons tout à l'heure ; puis, dans la via

San Vito, déjà un peu excentrique, la maison natale de l'Arétin, le

AREZZO : MAISON DE VASARI.

fougueux satirique, à la fois prosateur et poète, qui, par son humeur agressive, se fit tour à tour expulser d'Arezzo, de Pérouse, de Rome, et finit par s'installer à Venise, d'où, trente années durant, il exerça une véritable dictature sur l'Europe. Né en 1492, il mourut en 1557, au milieu d'un accès de fou rire. Voici une de ses épitaphes : « Ci-gît Pierre dit l'Arétin, dont la langue a blessé les vivants et les morts; de Dieu seul il n'a pas dit de mal; alléguons pour son excuse qu'il ne le connaissait pas. »

Dans la même rue, au numéro 27, est la *casa* de Georges Vasari, l'artiste écrivain que j'ai déjà fait connaître au lecteur. C'est aujourd'hui le palais Brillandi, curieux à voir à cause des fresques dont Vasari lui-même l'a décoré à l'intérieur. Enfin, à une petite demi-lieue des remparts, au pied d'une colline, il y a encore un monument remarquable : c'est le couvent de Sainte-Marie-des-Grâces, avec un portique élégant et plein de finesse, œuvre de Benedetto da Majano, l'architecte du palais Strozzi de Florence.

Arezzo ne possède aujourd'hui que peu d'industries; c'est un chef-lieu de préfecture, d'une vingtaine de mille âmes environ, une paisible cité provinciale de quatrième ordre. Elle n'a plus son université, jadis florissante; mais en sa qualité de ville italienne et, qui plus est, de ville toscane, elle a plusieurs Académies, dont l'une porte le nom obligé de Pétrarque. Elle a de plus un lycée, un gymnase, un collège royal, une école polytechnique, une école normale. Dans laquelle de nos villes de province trouverait-on réunis tant de centres intellectuels et d'instituts d'enseignement?

V

Passé Arezzo, la voie ferrée longe à gauche une belle chaîne de montagnes; à droite s'étend une vaste plaine, ancien lit de cette rivière Chiana dont il va être question ci-après. A l'horizon sud-sud-ouest se dresse le mont Amiata (1713 mètres). Au bout de trois quarts d'heure à peu près, on aperçoit au sommet d'une hauteur escarpée, à 650 mètres au-dessus de la mer, la vieille cité de Cortone. Pour y arriver, au sortir de la gare il faut gravir une montée dont les innombrables lacets se déroulent le long de ravins où, en fait de végétation, il n'y a guère que des oliviers au feuillage poussiéreux et au tronc contourné. Le site est des plus sévères. Dans le lointain se dessine sous les monts un coin du lac de Trasimène.

Des rues irrégulières et tortueuses, quelques palais en mauvais état, cinq ou six églises, dont une, la cathédrale, a des peintures de

CORTONE : VUE PRISE DU CHEMIN DE FER.

Signorelli, et une autre, le Gesu, diverses œuvres de Frère Angélique, voilà, en peu de mots, le bilan de la ville. Les quartiers hauts ne se composent guère que de chétives masures en pierres grises non crépies, auxquelles se mêlent des jardins misérables et mal entretenus. Des femmes déguenillées, des haillons de linge partout appendus, des mendiants à foison, comme à Arezzo du reste, complètent la physionomie du lieu.

Cortone est surtout curieuse par ses restes de remparts étrusques, entassements de blocs qui évoquent l'idée d'un peuple de géants rêvant de bâtir pour l'éternité. C'était en effet une des douze capitales de l'antique Étrurie. Denys d'Halicarnasse affirme même qu'elle existait avant les Pélasges. Après avoir été colonie romaine, elle

MURS ÉTRUSQUES DE CORTONE.

devint, au moyen âge, une de ces minuscules républiques dont je n'ai plus besoin de retracer les annales. Sans cesse en lutte avec ses voisines, Pérouse, Arezzo et autres, elle eut, bien entendu, elle aussi, ses factions guelfe et gibeline. Son histoire finit comme celle de tant d'autres communes toscanes : les Florentins, en 1412, l'achetèrent au roi de Naples 60 000 florins d'or, et dès lors une commune servitude mit d'accord les nobles et les chefs de métiers.

Son Académie *étrusque*, fondée au XVIIIe siècle, et dont le président, par un pieux souvenir historique, porte le titre de *lucumon*, s'est acquis une renommée européenne. Quand Montesquieu vint en Italie, il tint à honneur de s'en faire recevoir membre.

VI

Le val Chiana, où nous a introduits cette dernière partie de notre trajet, appartient aux deux provinces d'Arezzo et de Sienne. Il s'étend en terre toscane, depuis Arezzo au nord, jusqu'à la ville de Chiusi au sud, sur une longueur de 65 kilomètres et une largeur moyenne de 5 kilomètres; mais, pris dans son ensemble, il se prolonge en réalité jusque près d'Orvieto au midi. Encadré des deux côtés de chaînes de hauteurs jadis boisées, aujourd'hui nues ou seulement plantées de vignes, il forme une sorte de liaison entre le cours de l'Arno et celui du Tibre. Près de Chiusi cependant, un seuil de terrain, assez peu marqué, constitue une ligne de partage des eaux, et divise la dépression en deux bassins, l'un septentrional, dépendant de l'Arno, l'autre, méridional, dépendant du Tibre.

Dans l'antiquité, les eaux du val Chiana s'écoulaient en majeure partie vers ce dernier fleuve, et il semble qu'il y ait eu alors une ligne de navigation continue entre Florence, Arezzo et Rome. Une chose certaine, c'est que, du temps de Tacite encore, la pente principale de la région était du côté du sud. Nous savons en effet que, l'an 15 de notre ère, une motion fut présentée au Sénat romain en vue de détourner vers le territoire étrusque un excédent d'ondes qui avait pour effet d'aggraver les crues déjà si redoutées du Tibre en aval. Les Toscans, bien entendu, protestèrent, et le projet fut abandonné. Seulement, les torrents du pays continuant de charrier leurs alluvions de limon et de gravier, tout ce district primitivement si fertile d'Arezzo et de Cortone se transforma en un marécage.

Le changement paraît toutefois s'être fait lentement. Au xe siècle encore, la vallée était saine.

La *via Cassia*, qui en suivait la dépression, était toujours la principale artère de commerce entre les contrées extrêmes du parcours. Au siècle suivant, tout change. Des marais se forment dans la plaine au nord-ouest d'Arezzo, et, cent ans plus tard, le progrès des eaux stagnantes détermine des maladies endémiques; beaucoup d'habitants émigrent à Montepulciano, dont la population s'accroît ainsi inopinément. Le chemin du val est mal famé; on l'évite, et les cartes du xve siècle nous y montrent en effet une traînée de marécages et de lac dormants.

Les Toscans, dès lors, furent contraints d'aviser; bien des essais d'assainissement demeurèrent néanmoins infructueux. Ce ne fut qu'au xviiie siècle que les travaux, confiés au fameux ingénieur Fossombroni, aboutirent à un résultat sérieux.

Par le procédé que j'ai déjà expliqué à propos des Maremmes, les terres furent *colmatées* sur 200 kilomètres de superficie; des bassins d'épuration furent établis, et des émissaires creusés dans la plaine. Le niveau de la vallée, graduellement exhaussé sur la ligne de partage choisie, donna aux eaux le mouvement qui leur manquait et changea en ondes pures les bourbiers croupissants. La pente générale fut renversée, et il y eut ainsi deux Chiana, l'une affluant à l'Arno, l'autre se dirigeant vers le Tibre.

Cependant ici, comme dans la Maremme, il convient peut-être de faire des réserves. L'œuvre d'assèchement est loin d'être achevée. Le touriste qui voyage le long des pentes et voit le chemin entouré de tous côtés de florissantes cultures, où la vigne enguirlande les troncs d'arbres, est tenté de croire au succès absolu du travail de *bonificamento*. Mais, descendez dans la dépression, regardez les puissantes digues, hautes comme des maisons, qui opposent aux eaux un barrage en apparence insurmontable, suivez le cours sauvage des torrents jusqu'aux montagnes d'où ils sortent, vous reconnaîtrez que le problème n'est pas, tant s'en faut, résolu à souhait.

La population elle-même a conscience de ce qui reste à faire. Le noyau sédentaire des habitants se tient parqué sur les hauteurs qui se dressent comme autant d'îlots dans la plaine ou au revers des chaînes en bordure. Quant à s'établir en bas à demeure, elle n'y a pas songé jusqu'à ce jour. C'est à peine si, çà et là, sur les renflements

PALAIS PUBLIC DE MONTEPULCIANO. (Voyez p. 299.)

de la vallée, on compte une quinzaine d'habitations ; chacun ici connaît trop les inconvénients de la *malaria*; seuls les gens qui y sont contraints par des exigences d'emploi ou de métier, tels que, par exemple, les gardiens des canaux et les surveillants des écluses, dérogent à cette règle de prudence.

VII

Le coin de l'Étrurie que nous traversons a été, il y a deux mille ans, le théâtre d'un des drames militaires les plus émouvants de l'histoire. Le joli lac de Trasimène, que la voie ferrée de Florence à Pérouse atteint à quelques kilomètres de Cortone, en évoque devant nous l'acte principal.

C'était en l'an 217 avant notre ère. Hannibal, qui venait de franchir les Alpes, s'était engagé par l'Apennin, au point, croit-on, où la chaîne dessine son mouvement accentué d'inflexion vers le centre de la péninsule[1], et le consul Flaminius s'était posté près d'Arezzo pour l'attendre à sa sortie de la Toscane. Mais le Carthaginois l'évita, on le sait, en se dirigeant par la vallée de la Chiana et le lac de Trasimène.

Quelle épopée que cette seconde guerre punique! L. Cincius Alimentus, qui fut captif d'Hannibal, racontait que celui-ci, au passage des Alpes, presque inconnues à cette époque, avait perdu 36 000 soldats et un nombre inouï de bêtes de somme. Quant à l'Apennin, qui était déjà, en grande partie, au pouvoir des Romains, ce n'était plus ce qu'on pouvait appeler une *terra incognita*. Une voie stratégique l'escaladait entre Spolète et l'Adriatique. Pour le chef punique cependant, la traversée de ce second relief ne fut pas moins féconde en péripéties que l'avait été celle des Alpes. Une épouvantable tourmente l'assaillit au pas le plus critique. Aveuglés par le vent, la pluie, les éclairs, haletants, ne pouvant plus avancer, ses soldats se virent contraints de tourner le dos aux éléments déchaînés, et de camper sur place au milieu du col.

Mais cela même, nous rapporte Tite-Live, n'alla pas sans péril.

1. Voyez ci-dessus, page 11.

Impossible d'établir les bivouacs; la violence de l'ouragan, les averses de grêle et de neige paralysaient hommes et bêtes. A la tempête succéda un froid si intense, que cette armée d'Africains, habitués au brûlant climat de la Libye, faillit geler en masse; les hommes, une fois couchés, étaient impuissants à se relever. Hannibal resta là deux jours pleins, pendant lesquels il perdit encore beaucoup de soldats et d'animaux, et entre autres sept éléphants. L'historien latin précité dit que le général carthaginois songea un instant à rétrograder pour tenter le passage à un autre endroit; mais l'assertion paraît contestable.

HANNIBAL.

Les cols du centre et de l'est étaient gardés par des armées romaines, et ce n'était qu'en dehors des routes ordinaires, le plus loin possible de l'ennemi, comme l'explique fort bien Mommsen, qu'Hannibal avait chance de franchir la montagne. Par contre, un peu plus tard, nous le voyons derechef traverser l'Apennin, non plus à l'ouest, comme la première fois, mais par le massif ombrien. Fréquemment aussi, dans le cours ultérieur de la guerre, il opère, manœuvre et se bat dans l'écheveau même du relief, et l'on sait quel long trajet il effectue d'Apulie, sur les crêtes, vers Bénévent, et *vice versa* : d'où il est permis de supposer qu'une notion plus approfondie de l'Apennin fut due à ces campagnes mêmes. Peut-être est-ce de cette époque que date l'établissement d'une deuxième grande voie militaire par ces monts. En tout cas, la route stratégique qui conduisait de Florence à Bologne est déjà mentionnée comme existante en l'an 187 avant Jésus-Christ. Mais reprenons notre itinéraire de touriste.

Entre Cortone et le lac de Trasimène, le chemin de fer traverse les plaines que le chef carthaginois avait fait ravager pour obliger le consul Flaminius à quitter ses quartiers d'Arezzo, et c'est dans l'espace étroit et marécageux compris entre les collines cortonaises qui bornent au nord la coupe lacustre et l'éperon rocheux de Passignano, en deçà de la station de Maggione, que se livra la terrible bataille.

La cavalerie d'Hannibal attendait les Romains, bien dissimulée dans les hauteurs boisées qui tombent en pente vers le lac. Le soleil allait se coucher, quand le consul atteignit l'entrée du fatal défilé. Le lendemain matin, dès avant le jour, sans avoir même pris soin de s'éclairer, il s'enfourna dans la petite plaine resserrée au bord du bassin. Un brouillard épais lui cachait les positions de l'ennemi ; il n'aperçut pas les redoutables cavaliers numides ni les troupes légères qui l'environnaient; il ne vit qu'un groupe d'infanterie pesamment armée sur la hauteur en aval. Quand ses soldats se furent déployés, Hannibal donna le signal de l'attaque, et la cavalerie carthaginoise, descendant des collines, ferma aussitôt la brèche derrière les Romains.

En un clin d'œil ceux-ci se trouvèrent complètement cernés : à droite, le lac; de face, sur une éminence, la masse principale de l'armée punique; à gauche, une ligne de hauteurs occupées par les troupes légères; en queue, les cavaliers africains, maîtres de la passe, c'est-à-dire la retraite coupée.

Pour surcroît, la brume s'élevant du lac s'épandit sur l'armée de Flaminius, qui ne discernait plus rien autour d'elle. Aussi le premier choc des Carthaginois, se ruant de toutes parts sur leurs adversaires, amena-t-il une horrible confusion dans les rangs des légionnaires, qui entendaient les cris de l'ennemi sans même l'apercevoir.

L'épouvante s'accrut encore lorsque le brouillard, en se dissipant, laissa étinceler aux lueurs rouges du soleil levant l'immense ligne semi-circulaire des troupes d'Hannibal. Quel cri de désespoir dut s'échapper de l'âme du malheureux consul auquel Rome avait confié sa fortune ! Celui-ci n'avait pas même la ressource de faire une trouée avec une poignée d'hommes, comme fit, à une année de là, Terentius Varro sur le champ de bataille de Cannes. Il ne pouvait que périr, comme avait déjà péri son collègue Æmilius à la journée du Tessin, et comme devait périr, à Cannes, Paul-Émile.

Durant trois heures les Romains luttèrent en désespérés. L'acharnement fut tel, dit-on, que les combattants ne ressentirent même pas un tremblement de terre qui bouleversa le lieu de l'action et les environs. La mort de Flaminius amena enfin la déroute générale; le carnage, *cædes*, comme disaient les Latins, commença. Une partie de l'armée fut anéantie encore en marche, cherchant à former l'ordre de combat; le lac, le marais de Borghetto et la plaine furent comblés de cadavres. Le nom de *Sanguinetto*, ruisseau de sang, que porte un des petits cours d'eau de cette rive, de Case del Piano à Passignano, atteste les souvenirs vivaces laissés par cette effroyable bataille.

Après deux mille ans écoulés, les paysans de la contrée connaissent encore Hannibal le Carthaginois, et vous parlent du consul romain, *il console romano*, qui fut tué sur les bords du lac.

Quant à la nature, éternellement sereine, elle a oublié le fracas d'armes qui troubla jadis l'harmonieux silence de ce bassin aux molles courbures. Le soleil colore de ses mêmes rayons les vertes collines cortonaises et trasiméniennes; la lune y verse sa même clarté frissonnante, et l'écho jaseur, que n'étonne aucun bruit nouveau, répète aussi bien le rauque sifflement des locomotives que le refrain mélancolique du charretier qui regagne le soir la plaine inclinée de Borghetto ou la côte rocheuse sur laquelle s'élève l'église gothique de Santa Margharita.

VIII

Les deux voies ferrées de Florence à Rome, par Arezzo et Sienne, dessinent en se rejoignant près de Chiusi d'abord, et plus bas à Orte, un ovale complètement fermé, à la partie supérieure duquel s'inscrit la coupe du lac de Trasimène. L'espace compris dans cet ovale, que le cours du Tibre coupe du nord au sud par le centre, n'est autre que cette région ombrienne qui, géographiquement et politiquement, forme une dépendance de l'antique Étrurie, et dont nous allons, de ce pas, faire le tour.

Passé la station de Magione, le chemin de fer s'écarte du lac, pour entrer dans un écheveau de collines qui se prolongent jusqu'à Pérouse. Posée sur un plateau escarpé, de 300 mètres d'altitude, un peu en deçà du point où le Tibre, sorti des montagnes, s'engage à travers la plaine, cette vieille capitale de l'Ombrie doit, comme San Gimiano et Sienne, aux bizarres inégalités de ses collines un coup d'œil particulièrement chaotique. Vainement l'édilité moderne a-t-elle tenté de corriger çà et là certaines difformités et bosselures : l'ensemble du site continue de présenter le caractère le plus fantaisiste. Des rues qui se soudent à l'improviste par-dessus la tête du promeneur et transforment soudain l'insidieuse *costarelle* en une sorte de noir défilé, des murs sombres et mornes, pareils à d'âpres talus de rocher : tel est le premier aspect de cette ex-ville pontificale.

Après avoir été une des métropoles de la Confédération étrusque, Pérouse eut naturellement le sort des autres cités de la Dodécapole. Soumise par Rome en 459 avant Jésus-Christ, elle eut plus tard la malchance de servir de citadelle à Antoine, qui s'y vit assiégé par Octave. Prise d'assaut, incendiée et pillée, elle fut, il est vrai, rebâtie ensuite par celui-là même qui l'avait saccagée ; mais cette restauration matérielle ne put effacer le souvenir des vengeances exercées par le cruel triumvir contre l'élite de ses citoyens. De plus, sa situation stratégique, à l'entrée de la vallée du Tibre moyen, la désignait d'avance aux coups des Barbares. Aussi Totila, au VIe siècle, ne manqua-t-il pas de la dévaster, et avec d'autant plus de fureur qu'il n'avait pu s'emparer d'elle qu'au prix d'un siège de sept ans.

Mise par l'empereur Charlemagne sous le patronage de la papauté, elle se rallie plus tard au parti guelfe : ce qui fait d'elle une ennemie jurée de Sienne, l'ardente gibeline que l'on sait. Au XIVe siècle, nous voyons Pérouse devenue, elle aussi, république démocratique et guerrière, évinçant les nobles de tous les emplois, et cherchant autour d'elle des conquêtes. Mais, dans cette lice extérieure, les triomphes lui étaient chaudement disputés. Sur son territoire même se dressaient près de deux cents châteaux ou bourgs fortifiés, appartenant à des gentilshommes condottières qui n'entendaient point se soumettre à son joug et lui rendaient énergiquement coups pour coups.

Bientôt, en dépit de ses efforts pour se maintenir autonome et

ARC D'AUGUSTE A PÉROUSE. (Voyez p. 287.)

libre, Pérouse retombe au pouvoir des pontifes de Rome, qui, une bonne citadelle aidant, la gardèrent jusqu'en 1860. Aujourd'hui l'unique trophée qui lui reste de ses exploits du vieil âge, ce sont les chaînes de fer, souvenir d'une victoire sur Sienne, appendues à l'entrée du Palais communal. Quant à la forteresse papale, qui fut l'instrument de son vasselage, elle est démantelée depuis quarante ans, et l'inscripti nhumiliante et rogue qui en décorait le front sourcilleux n'est plus qu'une page d'histoire effacée.

De son origine étrusque Pérouse conserve des portions de murs et plusieurs portes antiques. La plus curieuse de ces portes est l'arc dit d'Auguste, sis au nord de la cathédrale, et qui porte encore des traces du terrible incendie précité.

URNE FUNÉRAIRE ÉTRUSQUE.

Des fouilles pratiquées à un kilomètre de la ville, près de Ponte San Giovanni sur le Tibre, ont mis en outre à nu toute une nécropole étrusque, dix chambres contenant les tombeaux des Volumnii. L'aspect de ces hypogées mystérieux est des plus saisissants. Devant ces monuments funéraires âgés de 3000 ans on se demande encore une fois quel était ce peuple étrusque qui a si fortement marqué de son empreinte la société romaine ébauchée par les populations osques et sabines. « Les personnages représentés sur les vases et les bas-reliefs de ces nécropoles sont généralement, dit Michelet, des hommes de petite taille, avec de gros bras, une grosse tête, quelquefois avec un nez long et fort qui fait penser aux statues retrouvées dans les ruines mexicaines de Palanqué. A côté du cheval-aigle, qui vous reporte à la Perse, apparaissent l'homme-loup d'Égypte, les nains scandinaves, et peut-être le marteau de Thor. Mais ces nains ne seraient-ils par les Cabires phéniciens? Puis des symboles hideux, des larves, des figures grimaçantes comme dans un mauvais rêve, qui semblent là pour défier la critique et lui fermer l'entrée du sanctuaire. »

Le moyen âge architectural est représenté à Pérouse par la porte Sant'Agostino, donjon de pierres effritées et noircies, par le Palais communal ou public, construction massive et revêche dont un portail aux sculptures gracieuses adoucit cependant la sévérité, puis par la belle fontaine à trois bassins étagés que Jean de Pise et Arnolfo di Lapo ont érigée sur la place du Dôme.

Quant aux églises, la ville en compte plus de cent, sans parler d'une cinquantaine de couvents : la cathédrale San Lorenzo, édifice gothique du xve siècle, Sainte-Agnès, Saint-Augustin, Saint-Dominique, Sant'Ercolano, cette dernière ainsi appelée du premier évêque de Pérouse, Saint-Jérôme, San Severo, Saint-Pierre-hors-des-Murs, nous ne pouvons qu'en citer quelques-unes. Mais les toiles les plus remarquables qui décoraient ces divers sanctuaires ont été rassemblées de nos jours dans le bâtiment de la Pinacothèque, dépendant de l'université (ancien couvent des Olivétains).

C'est là et au *Cambio*, sorte de bourse où se réunissaient jadis les marchands et située au sud de la cathédrale, dans la grande rue du *Corso*, qu'on peut étudier le plus à l'aise les chefs-d'œuvre de la fameuse école ombrienne.

Pérouse a été en effet un des glorieux foyers de la Renaissance italienne. Tandis que les artistes de Florence, s'inspirant, on l'a vu, de l'antiquité, s'adonnent surtout à ce qu'on appelle le naturalisme, l'école ombrienne, au contraire, demeurée fidèle aux traditions du vieux style religieux et spiritualiste, représente un art quasi séraphique, sentimental, éthéré, où, sous les progrès pratiques de toute sorte accomplis à travers le temps, affleure encore cette foi enthousiaste dont François d'Assise, le grand saint du pays, avait été la personnification.

De quels ancêtres se réclame cette école béate et naïve? Ses premiers initiateurs en date furent, semble-t-il, les peintres siennois qui, lors des troubles de leur patrie, accoururent chercher un asile à Pérouse. Nous savons aussi que Fra Angelico, chassé de Florence, vécut ici sept années durant, et que le couvent de San Domenico reçut de lui quelques suaves créations.

INTÉRIEUR D'UN TOMBEAU ÉTRUSQUE.

Mais le prince de l'école ombrienne, ce fut, à la fin du XVe siècle, Pietro Vanucci dit le ***Pérugin***, dont on montre encore l'atelier dans la maison n° 18 de la *via Delicioza*. Michel-Ange, qui ne l'aimait guère, commença cependant par l'imiter. Au-dessous et à côté de lui se développa toute une pléiade de peintres, dont la Pinacothèque, le Cambio et diverses maisons particulières gardent les œuvres inoubliées. Citons seulement Bernardino di Betto, plus connu sous le diminutif de ***Pinturicchio***, Andrea Luigi, dit *l'Ingegno* (le Génie), Giovanni Santi, le père de Raphaël. Raphaël lui-même, le fondateur de l'école romaine, traversa, presque enfant encore, les ateliers de l'école de Pérouse. Dans le palais Conestabile, près du Dôme, vous pourrez voir une madone de lui à côté de fresques et de dessins de son maître. C'est devant ces paysages ombriens aux lignes pures, à l'air transparent, qui laisse apercevoir les moindres reliefs de l'horizon, que s'est formé son génie naissant, et c'est à Citta di Castello, petite ville située non loin de là, dans la vallée supérieure du Tibre, qu'il a fait ses premières grandes œuvres de jeunesse, entre autres le fameux *Spozalizio* qui est aujourd'hui à Milan.

IX

A six lieues de Pérouse environ, par delà le cours du Chiascio, un des affluents de droite du Tibre, se dresse le fameux monastère d'Assise (Assisi), *il sagro Convento*.

De loin, sur son roc escarpé, l'ex-cloître ressemble à une forteresse. C'est un édifice du XIIIe siècle, à double rang d'arcades superposées. A ses pieds un torrent roule dans une saignée; au delà, le bourg s'étale sur la croupe du mont. Le portique d'un temple de Minerve, parfaitement conservé, apparaît à mi-côte sur la place du Marché, à l'intersection de quatre rues qui forment la croix.

Dans le couvent, trois églises richement décorées s'élèvent l'une sur l'autre. Le temple inférieur, crypte obscure où l'on ne descend qu'avec des torches, renferme le tombeau de saint François. L'église intermédiaire, sombre encore, et d'une imposante sévérité, est une merveille de fine sculpture. La supérieure enfin, magnifique dais tout baigné d'air et de lumière, s'élance joyeusement vers le ciel; on dirait un brillant vestibule du Paradis. Dans le sanctuaire moyen sont les fameuses fresques en lesquelles Giotto, comme j'ai eu déjà occasion de le dire[1], a célébré les vertus de saint François, la Pauvreté, la Charité, l'Obéissance, et sa glorification au milieu des légions célestes.

Une autre église d'Assise, Santa Chiara, est dédiée, comme le nom l'indique, à sainte Claire, cette illustre auxiliaire de François, qui laissa tout, famille et richesses, pour l'accompagner dans l'âpre voie du renoncement et de l'apostolat, et fonda finalement l'ordre des Clarisses.

C'était en effet, comme je l'ai expliqué en racontant la vie du grand saint, le temps des contemplations extatiques, des brûlantes visions, des divins transports au cerveau, qui, suivant le mot de Dante dans la *Vie Nouvelle*, font « tomber sans pouls et sans haleine ». Un illuminé comme François d'Assise pouvait-il mourir à la façon d'un vulgaire pécheur, se coucher ainsi que le premier venu dans la fosse livide et puante? Non, certes. Le peuple ne voulut pas croire que son « saint » fût devenu la proie du sépulcre. L'opinion était qu'il n'avait pas cessé de vivre, et qu'il demeurait plongé dans la prière, au fond d'un caveau inaccessible, d'où il ne devait sortir qu'à la fin du monde.

A partir de Foligno, ville industrielle d'une vingtaine de mille âmes, on retrouve le tracé de l'ancienne voie Flaminienne, et aux riants districts de l'Ombrie du nord succèdent peu à peu des paysages d'une couleur sensiblement plus accentuée. On laisse à gauche la petite ville de Trevi avec sa pittoresque éminence, et bientôt la vallée se rétrécit. Les hauteurs, au lieu de se développer parallèlement à la route, se disposent en une ligne transversale, comme pour barrer le passage au touriste. Des tours et une cathédrale apparaissent au flanc d'une colline : c'est Spolète, l'ex-chef-lieu du département français de Trasimène. Des restes de temples antiques, un arc de triomphe, appelé, on ne sait trop pourquoi, porte d'Hannibal (la tradition veut que le chef punique, après sa victoire sur Fla-

1. Voyez ci-dessus, page 200.

VUE D'ASSISE.

minius, ait échoué au siège de Spolète), enfin un castel haut perché, ancienne résidence de Lucrèce Borgia, voilà les curiosités de cette vieille ville, qu'entourent de superbes forêts de chênes, et d'où l'on a, vers l'ouest, une vue magnifique sur la spacieuse vallée du Tibre, en amont de son confluent avec l'abondante Paglia. N'oublions pas le gigantesque aqueduc, de 206 mètres de longueur sur 81 de hauteur, qui franchit ici le défilé, derrière le castel renaissance précité. Sous les arcades ogivales de cette construction audacieuse mugissent les eaux torrentueuses qui descendent des futaies du Monte Lucco, couronné lui-même d'un couvent solitaire, San Giuliano et ses ermitages.

Nous voici à la courbe sud de l'ovale ombrien qui confine aux monts de la Sabine. La petite ville de Terni, l'ex-*Interamna* des Romains, autrement dit la « cité d'entre-fleuves », à cause des deux bras du Nar qui l'enserrent, puis Narni, l'antique *Narnia*, et Orte, la bourgade où se rejoignent les deux railways centraux de la Toscane, marquent de ce côté nos dernières étapes. Pour regagner la région de l'Arno qui a été notre point de départ, nous n'avons plus qu'à remonter à l'ouest la ligne que décrit la frontière toscane en deçà des anciens États de l'Église.

Bien des points curieux de ce dernier parcours sont en dehors de la voie elle-même, et je ne puis que vous les montrer de loin. C'est d'abord là-bas, à la tête de la vallée de la Marta, à 550 mètres d'altitude, sur les pentes ouest du Monte Cimino, la vétuste cité de Viterbe, avec ses maisons toutes noires, ses rampes étroites et ardues, sa belle cathédrale, et surtout ses admirables fontaines. Plus loin, à 3000 mètres au-dessus du niveau de la mer, s'étend la coupe arrondie du vaste lac de Bolsena, véritable mer intérieure de 50 kilomètres de pourtour, qui occupe la place d'un ancien cratère. Plusieurs bourgades pittoresques, Bolsena, Bagnorea, Montefiascone, bordent les rives orientales de ce bassin.

Bagnorea s'élève en partie sur un escarpement vertigineux entre deux gouffres qu'on ne franchit guère sans trembler. Montefiascone est la plus importante des trois, presque une ville. Elle a une cathédrale avec une coupole de San Micheli, et une autre église, San Flaviano, où l'on va volontiers voir par curiosité le tombeau de l'évêque d'Augsbourg, Fugger. Ce prélat mourut, dit-on, pour avoir trop fait fête au vin de muscat du terroir, l'*Est-Est*, comme on l'appelle. Aussi, par une sollicitude qui doit être douce à ses mânes, le caveau dans lequel il repose est-il voûté en forme de cellier. De plus, deux coupes sont sculptées de chaque côté de sa mitre, et sur la pierre tombale est gravé ce jeu de mots latin :

Propter nimium Est-Est
Dominus meus hic est.

« C'est par excès d'Est-Est que monseigneur ci-est. »

Poursuivons notre course au nord, vers la double vallée de la Chiana. Voici, toujours à main gauche, Orvieto : encore une vieille citadelle papale, un nid d'aigle sur un rocher, avec un front tout hérissé de tours et de clochers. On compte jusqu'à trente-deux pontifes qui se réfugièrent là dans les mauvais jours. Rien que pour sa cathédrale, la solitaire cité mérite une visite. Le dôme d'Orvieto est, sans contredit, une des plus belles églises d'Italie, un vrai chef-d'œuvre de l'art gothique, et sa façade un prodige de sculpture. L'histoire de sa construction représente elle-même tout un poème, que je regrette de ne pouvoir vous narrer.

La Paglia est maintenant derrière nous. Cette cime imposante qui s'élève tout là-bas à près de 1800 mètres d'altitude, c'est le Monte Amiata, dont je vous ai déjà dit un mot. A ses pieds se déroule un écheveau de vallées où mugissent en abondance les torrents : on dirait d'une petite Suisse perdue dans ce glabre massif de hauteurs. En deçà, contre une roche basaltique de 908 mètres d'élévation, est le bourg de Radicofani, d'où la vue s'étend jusqu'au lac de Trasimène. Du côté opposé, c'est-à-dire à droite du chemin de fer, niche, non moins fièrement que Viterbe, la petite ville de Citta delle Pieve, lieu de naissance du Pérugin. En dépit du mot fameux de Bossuet, les tremblements de terre si fréquents en Ombrie empêchent ces bourgades haut juchées de trouver dans leur hauteur même la sérénité qui leur conviendrait.

Ici nous approchons de l'embranchement qui réunit le railway toscan de Sienne à celui d'Arezzo et de Pérouse, et referme au nord-ouest l'ovale ombrien. Un peu en deçà de la ligne de raccord, s'offre à nous la vieille cité tyrrhénienne de Chiusi, où régnait le roi Porsenna qui causa, on le sait, une si furieuse peur à Rome naissante.

UNE FONTAINE A VITERBE.

Bien que située à près de 400 mètres au-dessus de la Chiana, elle doit un soupçon d'insalubrité aux marais toujours existants dans la plaine.

Plus haut perchée encore est Montepulciano sa voisine, renommée à la fois pour son lac poissonneux et pour le bon vin qu'on récolte sur ses pentes calcaires. Elle ne se compose guère que d'un Corso dallé, qui prend divers noms avec ses sections successives et qui communique avec d'autres rues plus montueuses et plus chaotiques encore, ainsi que le comporte du reste le plan d'une bourgade sise à plus de 600 mètres au-dessus du niveau de la mer. Que les Chiusiens veuillent me pardonner de traiter leur ville de bourgade. Quoique peuplée de 3000 habitants à peine, c'est bel et bien une sous-préfecture, dont Sienne est le chef-lieu. Mais qu'elle soit ou non d'origine étrusque, le touriste cette fois n'en a cure : des rives du Serchio à celles de la Chiana ombrienne, n'a-t-il pas surabondamment étudié, sous les alluvions multiples du temps, le squelette poudreux de l'antique Étrurie?

FIN

TABLE DES MATIÈRES

Imprimeries réunies, B, rue Mignon, 2.